Hundebibliothek

Unsere Heimtiere

kosmos *Hundebibliothek*

Urs Ochsenbein

Der Rottweiler

Zucht und Aufzucht –
Haltung – Ausbildung

Ott Verlag Thun
Kosmos
Gesellschaft der Naturfreunde
Franckh'sche Verlagshandlung
Stuttgart

Mit 16 Farbfotos, 17 Schwarzweißfotos und 3 Schwarzweiß-
zeichnungen im Text. Die Abb.23 (Rottweiler-Gebäude)
wurde mit freundlicher Genehmigung des Allgemeinen
Deutschen Rottweiler-Klubs e.V. abgebildet.

Umschlaggestaltung von Kaselow-Design, München, unter
Verwendung eines Dias von Hans Reinhard

Fachtierärztliche Durchsicht: Dr. D. Mahler, Pforzheim

Die Abb.1, S.2, stammt von S.A.Thompson

CIP-Kurztitelaufnahme der Deutschen Bibliothek

Ochsenbein, Urs:
Der Rottweiler : Zucht u. Aufzucht – Haltung
– Ausbildung / Urs Ochsenbein. – Thun : Ott ;
Stuttgart : Franckh, 1987.
  (Kosmos-Hundebibliothek)
  ISBN 3-440-05724-0 (Franckh)
  ISBN 3-7225-6754-8 (Ott)

Ott Verlag, Thun, und Franckh'sche Verlagshandlung,
W. Keller & Co., Stuttgart / 1987
© 1987, Franckh'sche Verlagshandlung, W. Keller & Co.,
Stuttgart
Printed in Italy / Imprimé en Italie / L9 mm H rr
ISBN 3-440-05724-0 (Franckh)
ISBN 3-7225-6754-8 (Ott)
Satz: G.Müller, Heilbronn
Reproduktion, Druck und Buchbinder:
Grafiche Muzzio, Padua, Italien

Der Rottweiler

Der natürliche Rottweiler

Unter den vielen Hunderassen fällt der Rottweiler vor allem durch seine natürlich gebliebene Form auf. Weder überlanges Haarkleid, das die Augen verdeckt, noch extreme Faltung oder Färbung des Fells, noch ein überschwerer Schädel sind ihm eigen. Er ist kräftig und harmonisch gebaut, wirkt wuchtig und ist doch wendig. Das Verhältnis zwischen Rumpf und Kopf ist normal, die Ohren passen zu der Gesamterscheinung, ohne daß sie kupiert werden müßten. Lediglich die Rute wird verkürzt, sofern sie nicht – was eher selten ist – schon vor der Geburt als Stummelschwanz entwickelt ist. Der Rottweiler ist kein attraktiver Blender, sondern ein stattlicher, rustikal wirkender Hund.

Es ist denn auch vorwiegend die Freude an der natürlich gebliebenen Form und Art dieses Hundes, die einen Käufer veranlaßt, sich für den Rottweiler zu entscheiden. Menschen, die auffallen möchten, kaufen ihn bestimmt nicht. Vielleicht gibt es einige wenige, die von der Kraft, Entschlossenheit und dem Draufgängertum des Rottweilers gehört haben und ihn anschaffen in der Absicht, einen um sich beißenden Verteidiger ihrer werten Person zu besitzen. Hier ist der Rottweiler in falschen Händen, er ist grundsätzlich gutartig und ausgeglichen und auch nicht ohne weiteres reizbar. Wer ihn in sein Wunschbild vom „bösen Hund" preßt, wird freilich unter Anwendung der dazu erforderlichen Rücksichtslosigkeit ein gefährliches Tier erhalten. Aber dann handelt es sich um einen verdorbenen Rottweiler, der sich nicht mehr wohl fühlt in seiner Haut; um einen Hund, der aufgrund der schlimmen Erfahrungen mit seinem eigenen Herrn und dessen Helfershelfern unsicher geworden ist und seine ganze Kraft und Schnelligkeit zu nicht mehr kontrollierbarer Aggression einsetzt. Dasselbe

geschieht ja leider immer wieder auch mit Vertretern anderer Gebrauchshunderassen.

Dabei ist das Rezept, aus einem Rottweiler einen guten und zuverlässigen Bewacher und Beschützer zu machen, höchst einfach: Man sorge dafür, daß er sich in seinem Heimbereich wohl fühlt. Das genügt. Er wird dann früher oder später von sich aus die Verantwortung für die Sicherheit von Haus und Bewohnern übernehmen, es entspricht dies seinem natürlichen Schutzverhalten. Freilich muß man seine Entwicklung abwarten können. Er gehört in dieser Beziehung zu den spätreifen Hunden und braucht seine Zeit, bis er völlig erwachsen ist. Wer ihn zu früh zu aggressivem Verhalten drängt, überfordert ihn. Im Erwachsenenalter wird ein solcher Rottweiler dann nur noch schwer zu kontrollieren sein. Er ist eben von Natur aus ein Draufgänger, und man darf ihm diesen Wesenszug nicht noch künstlich beibringen wollen.

Für wen und wozu eignet sich der Rottweiler?

Ein umsichtig gezüchteter und als Welpe fachgerecht aufgezogener Rottweiler ist sehr anpassungsfähig. Er eignet sich zum einfachen Familienhund und Begleiter, und kann dabei zusätzlich in allen Sparten des Sporthundewesens verwendet werden. Als Gebrauchshund bewährt er sich in den Bereichen der Polizei, des Militärs, des Zolls und im Rettungshundewesen. Selbst als Blindenführhund versieht er seinen Dienst zuverlässig. Bei alledem sind allerdings zwei Dinge vorauszusetzen: Erstens ist der Rottweiler ein sensibles und aufgewecktes Tier, das verkümmert, wenn man sich zu wenig mit ihm abgibt und es beschäftigungslos sich selbst überläßt. Das gilt jedoch im Grunde für jeden Hund.

Zweitens gehört der Rottweiler in eine feste Hand, da er sich sonst aufgrund des ihm innewohnenden intensiven Temperaments und seiner Kraft verselbständigt und dabei leicht außer Kontrolle geraten kann. Eine „feste Hand" bedeutet jedoch keineswegs, daß dieser Hund grob unterzuordnen sei. Vielmehr geht es darum, ihn von Jugend auf konsequent merken zu lassen, was er tun darf und was nicht. Dazu findet sich in diesem Buch eine detaillierte Anleitung zur Selbsthilfe. Jedermann ist damit in der Lage, seinen Rottweiler sinnvoll einzuordnen in das „Familienrudel". Er wird dann ein erfreuliches, angenehmes und nützliches Mitglied der Familie sein.

Zur Herkunft des Rottweilers

Aus lauter Begeisterung für ihre Rasse dichten manche Rasseklubs ihren Hunden eine glorreiche Vergangenheit an, wobei Begriffe wie „Molosser" und „Kampfhund" unbedacht und unbegründet herangezogen werden. Adolf Pienkoß schreibt dazu in seinem Buch über den Rottweiler (siehe Anhang): „Alle Publikationen über die genauen Ahnen des Rottweilers basieren auf Behauptungen, die durch fundierte wissenschaftliche Erkenntnisse nicht nachgewiesen werden können." Diese Feststellung gilt für alle heute bekannten Rassen, soweit sie nicht erst in den vergangenen hundert Jahren kreiert worden sind. Es wurde also rund um die Herkunft der verschiedenen Hunderassen recht viel behauptet, aber fast nichts bewiesen. Halten wir uns also an das, was wirklich bekannt ist. Gerade unser Rottweiler hat es nicht nötig, daß wir mit ihm Ahnenkult treiben.

Aber da gibt es doch aus dem Jahre 1886 ein Zunftschild, worauf ein Metzger mit einem Ochsen dargestellt ist, und dieser Ochse wird eben von einem typischen Rottweiler kunstgerecht in die Fesseln gekniffen. Zu dieser Zeit hat es viele heute anerkannte Rassen noch gar nicht gegeben. Wir dürfen demnach mit Recht von einer „alten Rasse" sprechen.

Das Viehtreiben ist dem Rottweiler angeboren, die meisten heutigen Exemplare reagieren sofort richtig, wenn man ihnen Gelegenheit zum Treiben gibt. Es geht daraus hervor, daß der Rottweiler seit Jahrhunderten als Arbeitstier von Metzgern und Bauern gehalten worden ist, die ihn zum Fortbewegen ihrer Herden benötigt haben. Das Vieh mußte ja im Gegensatz zu heute lebend zum Verbraucher gebracht werden, und das bedeutete oft wochenlange Treibarbeit. Ohne geeignete Hunde war dies fast unmöglich. Und es liegt auf der Hand, daß nur die besten Hunde diese Anstrengungen überstanden. Schwächere Tiere wurden von den Besitzern eliminiert. Auf diese Weise hat eine Selektion stattgefunden, deren positive Auswirkungen heute im allgemein sicheren Wesen und kräftigen Temperament ihren Ausdruck finden. Möchten wir noch weiter zurückgehen, sind wir auf Vermutungen angewiesen. Immerhin ist mit einiger Wahrscheinlichkeit anzunehmen, daß der Rottweiler wie andere typische Treibhunde – so auch der Boxer – vom Bullenbeißer abstammt, von dem es authentische Abbildungen gibt. Dieser wiederum scheint von jenen doggenartigen Hunden herzukommen, die man zur Sauhatz und Bärenjagd verwendete, als jene Beutetiere noch nicht geschossen, sondern mit Spieß und Speer erlegt worden sind. Zu dieser Art von Jagd waren nur Hunde von ausgeprägtem Draufgängertum geeignet. Auch von dieser Wesensart finden sich im heutigen Rottweiler noch deutliche Spuren.

Die Stadt Rottweil, die unserer Rasse den

Namen gab, liegt im Schnittpunkt alter Handelsstraßen, die teilweise schon von den Römern angelegt worden sind. Über diese Straßen ist eben auch das Vieh in Herden zu oft weitab liegenden Städten getrieben worden.

Es ist nur natürlich, daß sich die Berufsleute, die sich mit diesen Trecks beschäftigt haben, einen möglichst geeigneten Hund als Helfer und zu ihrem Schutz herangezüchtet haben: den Rottweiler.

Zucht und Aufzucht

In der freien Wildbahn findet ständig eine Auslese der besten, das heißt gesündesten und anpassungsfähigsten Tiere einer Art statt. Jede anatomische oder verhaltensmäßige Abweichung, die nicht zugleich eine Verbesserung darstellt, wird durch die Einflüsse der natürlichen Feinde und der Witterung sowie den damit verbundenen Schwankungen der klimatischen Bedingungen rigoros ausgemerzt. Das Tier, das überlebt und sich vermehren kann, gehört stets einer Auswahl der besten an.

Wird ein Wildtier zum Haustier, ist sein Überleben eine Frage der menschlichen Fürsorge. Eine Auswahl wird nur noch im Hinblick auf die Nutzbarkeit im weitesten Sinne getroffen. Das Rind soll möglichst viel Milch und/oder Fleisch abgeben. Unsere Hunde mußten früher vorzügliche Jagdgehilfen, Viehtreiber, Wächter und Hüter sein. Nur die geeignetsten wurden zur Zucht verwendet. Schon früh gab es jedoch eine kleine Gruppe von Hunderassen, die nicht mehr als Helfer, sondern als reine Begleiter gehalten wurden, wobei ihre hübsche oder auch groteske Erscheinung das aus menschlicher Sicht Entscheidende bei der Zuchtwahl war. Es entstanden Rassen, die ernstlich benachteiligt waren in puncto Körperbau und Gesundheit, sei es durch Übergröße oder Zwergwuchs, sei es durch abnorme Formung des Schädels, wodurch die Atemwege verengt und die Augen

mangelhaft geschützt waren, sei es durch irgendwelche disharmonische Proportionen, die dem Menschen so gefielen, daß er sie herauszüchtete. In der Natur hätten diese Formen keine Chance gehabt.

Mit dem Rottweiler dürfen wir uns in dieser Beziehung glücklich schätzen. Er ist ein intakt gebliebener Hund. Seine Jahrhunderte während Verwendung als Viehtreiber garantierte die Auswahl der robustesten und fähigsten Tiere zur Zucht. Als er dann in der zweiten Hälfte des 19. Jahrhunderts infolge der verkehrstechnischen Entwicklung immer weniger für das Herdentreiben gebraucht wurde, verschwand die Rasse beinahe ganz. Einigen wenigen Männern, die sich aus Liebhaberei des Rottweilers annahmen, ist es zu verdanken, daß es ihn heute noch gibt. Sie sorgten auch dafür, daß er so unverfälscht erhalten blieb. Das war nicht selbstverständlich. Wenn wir daran denken, was die Züchter seit dieser Zeit aus dem Bernhardiner gemacht haben, wissen wir die Vernunft der Rottweilerzüchter zu schätzen. Der Nachfrage nach übergroßen und schweren St.-Bernhards-Hunden mit möglichst kompaktem und massigem Kopf vermochten sie nicht zu widerstehen, die finanzielle Verlockung war zu groß. Das Produkt jener züchterischen Unvernunft haben wir heute vor uns: ein Hund, doppelt so schwer als vor hundert Jah-

Abb. 2. Dem Welpen angeboren ist das Saugen und das sich kriechend im Kreis Bewegen, um zu der Mutter und zu den Zitzen zu gelangen. (Foto: U. Ochsenbein)

ren, dessen Herz ständig überlastet ist, was zu Anfälligkeit und Kurzlebigkeit führt. Schade, denn seinen vorzüglichen Charakter hat sich der Bernhardiner erhalten. Daß sich beim Rottweiler mit dem guten Temperament auch die natürliche und funktionsfähige Statur erhalten hat, dafür sei den verantwortlichen Züchtern und Zuchtwarten vergangener Jahrzehnte gedankt.

Dem modernen Züchter stellt sich somit die Aufgabe, unseren Rottweiler so zu erhalten, wie er sich bis heute herausgebildet hat. Das ist nicht so einfach, wie es klingt. Die Hundeartigen – so nennt der Zoologe die Familie der hundeartigen Raubtiere – neigen zur Mutation, das heißt, es treten immer wieder Veränderungen in ihrer Anatomie auf, die sich dann weiter

vererben. Sie reichen vom Körperbau bis zur Fellstruktur. Dem muß entgegengewirkt werden. Der einzige Weg dazu führt über eine sorgfältige Zuchtwahl, welche in der Auswahl geeigneter Elterntiere, aber auch im Ausschluß von zur Zucht ungeeigneten Tieren besteht. Hier liegt die verantwortungsvolle Aufgabe des Züchters, in die er erst mit zunehmender Erfahrung hineinwächst. Ohne diese kann er nur vermuten, was bei der Elternwahl richtig sein könnte. Aber die Realität, der Wurf, wird nur dann seiner Vermutung entsprechen, wenn er unerhörtes Glück gehabt hat. Er ist deshalb auf die Beratung durch die Zuchtkommission seines Rasseklubs angewiesen, die über Jahrzehnte hinweg die Zuchtresultate beobachtet, registriert und ausgewertet hat. Von jenen Per-

Abb. 3. Sobald die Zähnchen kommen, säugt die Hündin im Stehen. (Foto: U. Ochsenbein)

sonen, die diese Arbeit leisten, den Zuchtwarten und ihren Mitarbeitern, hängt es ab, wie intakt nach Anatomie und Wesensart sich eine Rasse hält.

Wir haben bis jetzt von alledem gesprochen, was an Denkarbeit einer Paarung vorauszugehen hat, und woran der einzelne Züchter mit zunehmender Erfahrung immer mehr beteiligt ist. Ihn erwarten jedoch noch weitere Aufgaben, deren seriöse Erfüllung für den späteren Käufer außerordentlich wichtig ist. Geht es doch nun darum, aus dem Welpen ein gutartiges, in seinem Wesen sicheres (d. h. weder ängstliches noch nervöses) und anpassungsfähiges sowie gesundheitlich stabiles Jungtier heranwachsen zu lassen.

Die erste Stufe dieser Treppe eines optimalen Aufbaus besteht in der fachgerechten Pflege, Haltung und Fütterung des Muttertieres. Die zweite in der Betreuung der Hündin während der Geburt. Die dritte umfaßt die Betreuung der geworfenen Welpen bis zur Abgabe an ihre Besitzer, wobei weder zu wenig noch zu viel getan werden darf.

In den ersten drei Wochen bietet eine normal veranlagte Hündin ihren Jungen praktisch alles, dessen sie bedürfen. Man nennt diese Lebensphase die *neonatale* (nachgeburtliche) *Entwicklungsstufe*. Wärme, Körperkontakt, Nahrung und Schlaf ist alles, was die Jungen brauchen. Sie können anfänglich weder hören noch sehen, wohl aber Wärme empfinden und riechen. So finden sie im Kreise robbend stets schnell die Brust der Mutter, wo sie sich beim Saugen mit den Vorderpfoten gegen die Zitzen stemmen. Zum Schlafen rotten sie sich zusammen, es kommt zum Kontaktliegen. Die Hündin sorgt nicht nur für das Trinken, sie verschlingt auch jeden Kot und leckt die Pfützchen auf. Damit die Welpen zur Entleerung angeregt werden, massiert sie jedem einzelnen den Unterleib ausdauernd mit der Zunge.

Allein läßt eine säugende Hündin ihre Jungen normalerweise nur für kurze Zeit. Sichere und gut in den Familienbereich integrierte Hündinnen haben auch nichts dagegen, wenn ihr vertraute Personen sich dem Wurf nähern und die Welpen berühren. Dies ist für das tägliche Wiegen der Jungen unerläßlich. Mit der Gewichtskontrolle wird zweierlei erreicht: Einmal läßt sich daran erkennen, ob die Entwicklung eines Welpen normal verläuft oder ob sich Unregelmäßigkeiten ergeben, auf die man noch rechtzeitig reagieren kann. Zum zweiten stellt sie von Anfang an den täglichen Kontakt zum Menschen dar. Der Welpe gewöhnt sich damit an den Geruch des Menschen und die ihm zuteil werdende manuelle Behandlung. Hier wird eine erste wichtige Grundlage zur späteren vertrauten Beziehung gelegt.

Der Rottweiler als Welpe

Im Alter von drei Wochen ist das Gehirn des Welpen noch nicht ausgereift, doch sind seine Seh- und Hörorgane schon funktionsfähig. Mit unerhörter Intensität nehmen die Tiere nun alle Erscheinungen wahr, die auf sie einwirken. Während der vierten Lebenswoche sollte man den Welpen Gelegenheit geben, sich an die auf sie einstürzenden Umwelterscheinungen zu gewöhnen. Das heißt, man sollte sie möglichst in Ruhe lassen und keine tiefgreifenden Veränderungen des Umfeldes vornehmen. Auch sollte das Muttertier nicht allzulange vom Wurf entfernt bleiben. Man wird jetzt beobachten, wie schnell die Welpen an Beweglichkeit gewinnen. Das Robben wird abgelöst von einer zwar noch nicht völlig koordinierten, aber doch schon wirkungsvolleren Fortbewegungsweise. Und das Interesse an allem, was die Umwelt bietet, nimmt rasch zu. Mit der fünften Lebenswoche beginnt der Welpe auf Reize von außen vermehrt aktiv zu reagieren. Was ihm vor Augen kommt, dem wendet er sich zu. In gleicher Weise versucht er, sich bei Geräuschen irgendwelcher Art der Tonquelle zu nähern. Das Gehirn des Welpen ist so weit entwickelt, daß er befähigt ist zu lernen. Ja, er scheint nun ein starkes Bedürfnis zu haben, Dinge zu untersuchen und Erfahrungen zu sammeln. Diese erhöhte Lernbereitschaft dauert etwa bis zur zwölften Lebenswoche, wo sie dann bedeutend weniger ausgeprägt weiter besteht.

Es geht nun darum, daß der Mensch für den Welpen in Erscheinung tritt, und zwar in möglichst vielfältiger Weise. Erwachsene beiden Geschlechts, Jugendliche und Kinder sollten mit ihm in Kontakt treten, mit ihm spielen und reden, ihn tragen. Auch sollte der Welpe jetzt jenen Geräuschen und optischen Erscheinungen ausgesetzt werden, die ihn an seinem späteren Wohnplatz erwarten. Was er nämlich in dieser Lebensphase nicht erlebt, daran wird er sich später nur schwer gewöhnen. Ein Beispiel dafür ist die Stubenreinheit, die mit jenen Welpen nur mühsam und in wochen-, wenn nicht monatelanger geduldiger Gewöhnungsarbeit zu erreichen ist, denen im Zwinger ausschließlich ein einförmiger glatter Boden zur Verfügung stand. Am schlimmsten steht es in dieser Beziehung mit Welpen, die in einer Großzucht aufwuchsen, wo pflegeleichte Kunststoffbuchten den einzigen Aufenthaltsort für die Hündin und ihren Wurf bildeten. Dagegen ist mit Welpen, die in einem Zwinger mit verschiedenen Bodenstrukturen wie Holz, Sand, Kies, Erde und Wiese heranwuchsen, die Stubenreinheit in wenigen Tagen herzustellen. Wie man dabei vorgeht, wird später noch genauer beschrieben.

Es ist demnach wichtig, den Welpen von der fünften Lebenswoche an bis zur Übergabe an den Besitzer für den Aufenthalt an seinem künftigen Platz vorzubereiten. Das ist jetzt leicht möglich und von nachhaltiger Wirksamkeit, weil der Welpe eben besonders aufnahmebereit und lernfähig ist. Diese Zeit kommt einer Prägungsphase gleich, die nicht wiederholbar oder nachholbar ist. Anders ausgedrückt: Wenn in diesen ersten Lebenswochen zu wenig Erfahrungen gemacht werden können, verläßt der Welpe den Zwinger bildlich gesprochen wie ein unterbelichteter Film das Labor. Auch mit den besten Kniffen kann er danach nicht mehr optimal nachbelichtet werden.

Damit soll nicht gesagt sein, der Welpe müsse ständig beschäftigt und mit Umwelterscheinungen konfrontiert werden. Es genügt, wenn ab und zu das eine oder andere von jenen Dingen dem Welpen geboten wird, die am Ort der Aufzucht nicht ohnehin vorhanden sind. Wächst der Welpe in einer Liebhaberzucht auf, wo Kinder und die verschiedensten Leute sich für ihn interessieren, wo er auch ins Haus genommen wird und sich technischen Hilfsmitteln vom Staubsauger bis zum Auto hin und wieder gegenübersieht, dann dürfen wir zufrieden sein. In einem abgelegenen Zwinger jedoch, wo eine idyllische Ruhe herrscht und ein Züchterpaar sich allein der Jungen annimmt, kann ein Welpe nicht so heranreifen, daß er ein städtisches Umfeld später ohne Angstzustände zu ertragen vermag. Er wird dann beispielsweise gegenüber Kindern stets unsicher bleiben, was sehr gefährlich werden kann.

Daß nun diese Dinge gerade für unseren Rottweiler von Bedeutung sind, der zum kraftstrotzenden Tier heranwächst, leuchtet ein. Ebenso dürfte klar sein, daß das Fehlen von Kontakt zu den verschiedensten Menschen in der beschriebenen Zeitspanne einen Hund ergibt, der sich später im Umgang mit Personen sehr schwer tut. Nur der Hund, der sich als Welpe spielerisch an den Menschen zu gewöhnen vermochte, wird künftig gut ansprechbar bleiben und sich ohne Mühe in den Familienbereich eingliedern lassen. Er wird zudem als Sport- oder Gebrauchshund jene unerläßliche Eigenschaft erkennen lassen, die wir Arbeitsfreude nennen.

Sozialisierung und Rangordnungskämpfe

Im Alter von sieben Wochen ist das Hirn des Welpen voll entwickelt. Und jetzt beginnt sich die schon vorher zu beobachtende Auseinandersetzung der Welpen untereinander stärker abzuzeichnen. Die Sozialisierungsphase geht über in die Rangordnungsphase. Wir können das an den intensiver geführten Zweikämpfen unter den Tieren sowie an höchster Erregung und deutlich aggressivem Verhalten erkennen. Es geht dabei oft hart und so laut zu, daß man meint, die kleinen Kerle möchten sich umbringen. Wer nun daraus ableitet, daß sich in dieser

Phase echte Raufer heranbilden, muß sich belehren lassen: Gerade durch dieses kämpferische Konfrontiertsein mit den Geschwisterwelpen erlangen die Tiere jene Sicherheit, die es ihnen später erlaubt, Angreifer zwar geschickt, aber ohne Nervosität und angstbedingtes Beißen abzuwehren.

Hunde, denen diese Erfahrungen im Welpenalter vorenthalten wurden, bleiben stets unsicher bei Begegnungen mit Artgenossen zumindest des gleichen Geschlechts, und sie neigen, je nach ihrer angeborenen Wesensart, mehr oder weniger zum allzu schnellen und allzu unkontrollierten Zubeißen. Es kann sogar dazu führen, daß der Fang wie bei einem Krampf zugepreßt wird und sich nur unter Gewaltanwendung öffnen läßt. Wiederum sollten wir an unseren Rottweiler denken, der zwar grundsätzlich gutartiger Natur ist, der aber sehr kräftig zuzupacken weiß, wird er einmal herausgefordert. Wurde ihm das Erlebnis der Rangordnungsphase genommen, wird er leicht vom Packen zum Beißen übergehen.

Freilich hat schon eine voll ausgelebte Sozialisierungsphase vor dem Erreichen der achten Lebenswoche eine günstige Wirkung, so daß die nötige Zurückhaltung in Kampfsituationen erwartet werden darf. Es ist somit durchaus in Ordnung, wenn man die Welpen mit acht Wochen übernimmt. Dies ist vor allem dann zu empfehlen, wenn der Zwinger nicht genügend Anregungen zu vermitteln scheint. Nur sollte man dann darauf achten, daß der junge Hund auch zu Hause möglichst viele Kontakte zu anderen Hunden erfährt, was ja auf Spaziergängen meist gut möglich ist. Wird er dagegen aus Unkenntnis und Angst vom Besitzer von anderen Hunden ferngehalten, so ist mit einem im Erwachsenenalter auftretenden Fehlverhalten gegenüber Artgenossen, verbunden mit entsprechenden Unannehmlichkeiten, zu rechnen.

Ein günstiger Zeitpunkt zur Übergabe ist die zehnte Lebenswoche. Nur dort, wo den Welpen vom Züchter weiterhin ein anregendes Umfeld geboten wird, sollte man länger mit der Übernahme warten. Mehr als sechzehn Wochen verstreichen zu lassen, birgt das Risiko der Herabsetzung der Wesenssicherheit in sich. Beim Rottweiler sollte man dieses Risiko nicht eingehen.

Wohlgemerkt: Wir sprechen hier von der Anschaffung eines Junghundes von acht bis sechzehn Wochen. Bei der Übernahme eines älteren Tieres gelten andere Überlegungen, von denen noch zu sprechen sein wird.

Wie kaufe ich den Rottweiler?

Sprechen wir zunächst darüber, wie man den Rottweiler als Welpen kauft. Dazu hat uns das vorausgegangene Kapitel bereits die grundlegenden Informationen geliefert. Es geht nun darum, einen Züchter zu finden, dem wir unser Vertrauen schenken möchten. Doch zuvor sollten wir uns noch einige Fragen stellen. Dies ganz besonders dann, wenn wir uns zum ersten Mal einen Hund anschaffen. Aber auch dann, wenn wir schon Hunde gehalten haben, schadet es nicht, sich erneut zu überlegen, ob man wirklich in der Lage ist, weiterhin einen Hund – in unserem Falle einen Rottweiler – zu erwerben und ihn zu betreuen.

Überlegungen vor dem Kauf

Mit einem Hund übernimmt man auch die Verantwortung für seine Betreuung und Erziehung. Er ist ja kein Spielzeug, das man nach Gebrauch in die Ecke stellen kann. Er ist immer da und fordert von uns, daß wir uns mit ihm beschäftigen. Beim Junghund erfolgt dies meist spontan, ja, oft geradezu aufdringlich. Er verspürt mehrmals täglich ein ihn drängendes Bedürfnis nach Zuwendung, nach Spiel und Kontakt. Weisen wir ihn ständig ab, wird er sich selbst Beschäftigung suchen. Dabei beginnt er das zu bearbeiten, was sich ihm anbietet. Teppiche und Möbel sind sowenig sicher vor ihm wie Papierkörbe und Vorhänge. Was sich jetzt als schwer wieder abzugewöhnende Untugend in ihm festsetzt, haben wir durch unsere mangelnde Bereitschaft, sich ihm zuzuwenden, selbst verschuldet.

Später, wenn der Hund älter geworden ist, läßt sich sein Zuwendungsbedürfnis in geregelte Bahnen lenken und in den Tagesablauf der Familie einplanen. Doch beim Junghund bis zu etwa zwölf Monaten funktioniert dies noch nicht. Immerhin haben wir auch jetzt schon beim Welpen „Ruhepausen" von ein bis zwei Stunden, wo er sich von dem eben Erlebten erholt. In jenen viertel oder halben Stunden, da er nach uns verlangt, bietet sich uns die beste Gelegenheit, mit ihm spielerisch zu lernen und dabei ein sehr tiefes und erfreuliches Verhältnis zu ihm aufzubauen. Es wäre also schade, wenn wir auf unseren jungen Rottweiler nicht eingehen wollten oder könnten, wenn er dies von uns verlangt. Freilich läßt sich der Hund auch in einen Zwinger sperren, wo er keinen Schaden anrichten kann und man ihn mit einigem hingeworfenem Spielzeug zur Selbstbedienung sich selbst überläßt. Dabei fehlt aber genau das, was unser Hund am nötigsten hat: der menschliche Kontakt. Jedermann muß nun eben selbst entscheiden, ob und wieweit er auf das heranwachsende Tier einzugehen gedenkt. Das kostet zwar Zeit, macht aber auch Spaß und dient der Integration des Hundes in den Familienbereich. Außerdem ergibt sich daraus auf ganz natürliche Weise eine Grunderziehung, die später bedeutend mehr Zeitaufwand kosten würde. Darauf werden wir noch im Detail und mit konkreten Vorschlägen zu sprechen kommen.

Temperamentvolle Hunde – und dazu gehört in der Regel auch der Rottweiler – nehmen uns am Anfang mehr in Anspruch als eher ruhige Tiere. Darauf sollte man bei der Auswahl des Welpen achten. Auch dies wird noch näher beschrieben werden.

Nach alledem dürfte uns klar sein, daß wir von einem Junghund mehrmals am Tage einige Zeit in Anspruch genommen werden. Hinzu kommt, daß wir täglich etwa eineinhalb Stunden für zweimaliges Spazierengehen einplanen sollten. Dies, wenn möglich, in einem Gelände, wo es zu Begegnungen mit anderen Hunden kommt. Sind wir bereit und in der Lage, diesen Zeitaufwand für den Hund einzusetzen, ist eine der wichtigsten Voraussetzungen für eine artgerechte Hundehaltung gegeben. Schließlich ist der Hund, auch der Rottweiler, ein Tier mit großem Bewegungsbedürfnis.

Aber es stellen sich noch weitere Fragen, die zu beantworten sind, bevor wir den Hund anschaffen:

1. Ist im Mietvertrag für unsere Wohnung die Haltung eines Hundes vorgesehen? Immer wieder müssen Hunde wegen fehlender Erlaubnis des Hauseigentümers weggegeben werden.
2. Leidet auch nur ein Mitglied unserer Familie an einer Hundehaar-Allergie? Dies würde die Haltung eines Hundes ausschließen.

3. Gibt es in der Nähe der Wohnung eine Örtlichkeit, wo sich der Hund problemlos versäubern kann? Ohne einen solchen Platz zur Verrichtung der kleineren und größeren Geschäfte ergeben sich in Bälde ernsthafte Schwierigkeiten.
4. Ist man bereit, die nicht unerheblichen Kosten zu tragen, welche die Haltung eines Hundes mit sich bringt?
5. Kann der Hund in den Ferien mitgenommen werden, oder gibt es einen Platz, wo wir ihn bedenkenlos in Pension geben können? Denken wir dabei an ein Tierheim, müßten wir früh genug einen Platz reservieren, da diese Heime in der Ferienzeit überfüllt sind.
6. Sind jene Personen, die sich mit der Sauberhaltung der Wohnung befassen, einverstanden, obwohl der Hund je nach Jahreszeit mehr oder weniger Schmutz hereinbringt sowie Haare läßt und damit Mehrarbeit verursacht?
7. Ist man sich bewußt, daß man bei einigen Verwandten und Bekannten nicht mehr ein gern gesehener Gast ist, sobald man mit einem Hund erscheint?

Vor allem der Kostenpunkt wird oft außer acht gelassen. Man denkt zwar an den Anschaffungspreis, nicht aber an die Fütterungs- und Pflegekosten, wobei auch der Tierarzt nicht vergessen werden darf. Diese jährlichen Kosten übersteigen meistens den Kaufpreis erheblich. Mit DM/Sfr 2000,– pro Jahr sollte man bei einem Hund von der Größe eines Rottweilers rechnen, will man keine Überraschungen erleben. Allein der Tierarzt kostet bei Erkrankung oder Unfall nicht selten so viel.

Wie die Erfahrung zeigt, schrecken die eben empfohlenen Überlegungen kaum jemanden vom Kauf eines Hundes ab. Dennoch ist es wichtig, sich die angeführten Fragen zu stellen. So ist man sich von Anfang an seiner Verantwortung bewußt. Es ist sehr hart, einen Hund, den man liebgewonnen hat, wieder hergeben zu müssen, aus welchem Grund auch immer. Es kann eine Folge unüberlegter Anschaffung sein oder aber auch die traurige Konsequenz mangelnder Kenntnisse: Trotz echtem Bemühen wird man mit dem Hund nicht fertig. Gerade beim fast durchweg wesenssicheren Rottweiler kommt dies zuweilen vor. Es sind dann ausgerechnet die guten Eigenschaften eines Hundes, die zum Debakel führen, und der Leidtragende ist dann am Ende immer der Hund.

Die Wahl des Züchters

Wie sehr das Umfeld des Zwingers sich auf den Welpen und auf die Entwicklung seines Wesens fördernd oder hemmend auswirkt, haben wir auf den vorherigen Seiten schon erfahren. Es ist demnach entscheidend für das Verhalten eines Hundes im Erwachsenenalter, unter welchen Bedingungen, in welchem Milieu sozusagen, er als Welpe heranwuchs. Um dies zu erfahren, gibt es ein ganz einfaches Mittel: Man besucht den Zwinger einige Male, wenn die Welpen vier bis zehn Wochen alt sind. Noch besser, man besucht zwei oder drei verschiedene Zuchtstätten. Die Mühe lohnt sich, denn wir lernen dabei mehr, als wir je einem Buch entnehmen könnten. Wir sehen Unterschiede, spüren auch, welcher Züchter uns sympathisch ist in bezug auf seine Art, Hunde aufzuziehen. Die Adressen der Züchter erhalten wir beim zuständigen Rasseklub (Adressen im Anhang). Dort wird uns auch angegeben, wo es zur Zeit Welpen gibt und in welchem Alter sie sich befinden.

Ein Züchter, der seiner Sache sicher ist, wird uns stets gern empfangen, auch wenn wir uns ausdrücklich zu einer unverbindlichen Besichtigung des Wurfes anmelden. Er schätzt nämlich die Belebung der Zuchtstätte durch Besucher, weil er weiß, daß dies seinen Welpen förderlich ist.

Natürlich wird ein guter Züchter auch auf Ordnung und Sauberkeit im Zwinger achten. Zwinger und Gehege sollten so gestaltet sein, daß die Welpen genügend anregende Objekte vorfinden, um sich damit zu beschäftigen. Das können ein Ball, Tuchfetzen, Holz- oder Metallgegenstände sein. Nur sollten sich die Welpen daran nicht verletzen können. Auch ein alter aufgespannter Sonnenschirm, den die Welpen etappenweise zerreißen und demontieren dürfen, kann ein anregendes Spielzeug darstellen. Das gleiche gilt für eine alte Holztreppe, wo die Welpen irgendwann die Stufen zu erklimmen suchen. Das Wichtigste aber ist die unterschiedliche Bodenstruktur, die den Welpen zur Verfügung stehen sollte. Wie sehr davon das rasche Erreichen der Stubenreinheit später abhängt, wurde bereits erwähnt. So wird in einem für die Welpen förderlichen Zwinger kaum je peinliche Ordnung herrschen können, er wird vielmehr den Eindruck eines kreativen Durcheinanders erwecken.

Befindet sich ein Zwinger in idyllischer Abgelegenheit und Ruhe, tun wir gut daran, uns zu erkundigen, ob der Züchter den Welpen genügend künstliche Belebung des Umfeldes bietet.

Vorsicht ist auch am Platze, wenn wir auf einen Zwinger treffen, in dem zwar alles äußerst hygienisch eingerichtet ist, wir aber den Eindruck gewinnen, daß diese Einrichtungen im Grunde nur dazu dienen, dem Züchter möglichst viel Arbeit mit den Welpen zu ersparen. Hier sollten wir von einem Kauf absehen. Selbst der begabteste Welpe vermag sich hier nicht so zu entwickeln, daß er für die Haltung beim Besitzer wirklich vorbereitet ist. Man sollte übrigens wissen, daß sich dies nicht unbedingt schon zu Anfang nach der Übernahme erkennen läßt; dies wird vielmehr erst dann deutlich, wenn der Junghund seine Reifezeit hinter sich hat, also im Alter von neun bis zwölf Monaten. Plötzlich kann dann Scheuheit gegenüber Menschen und Ängstlichkeit im Verkehrslärm auftreten.

Wo wir eine uns günstig erscheinende Situation für die Aufzucht vorfinden, sollten wir das Gespräch mit dem Züchter suchen. Er kann uns über die Elterntiere und über das Verhalten der einzelnen Welpen Auskunft geben. Seine Angaben sind viel wichtiger als das, was im Stammbaum, auch Pedigree oder Ahnentafel genannt, steht. Dort stoßen wir auf Champions in Schönheit und Abrichtung unter den Vorfahren, aber dies hat wenig Bedeutung für den Welpen, den wir uns kaufen möchten. Denn auch die besten Elterntiere bringen nur selten Schönheitssieger hervor, und nur solche Hunde erreichen Arbeitstitel, mit denen auch intensiv und fachgerecht gearbeitet worden ist. Das ganze schöne Papier bringt uns nur in einem wichtigen Punkt Gewißheit, nämlich daß es sich um eine vom Rasseklub kontrollierte Zuchtstätte handelt. Im übrigen gibt es immer wieder gefälschte oder völlig bedeutungslose Abstammungsurkunden. Man achte deshalb darauf, daß die uns vorgelegte Ahnentafel von einem der Fédération Cynologique Internationale (FCI) angeschlossenen Verein ausgegeben wurde.

Ist uns der erwählte Züchter sympathisch, weil er uns offen Auskunft gibt und sich über unser eingehendes Interesse freut, dann sind wir am richtigen Ort. Wir dürfen dann auch damit rechnen, daß uns dieser Züchter später beratend zur Seite stehen wird, sollten sich Probleme ergeben. Das ist zum Beispiel dann der Fall, wenn sich krankhafte Veränderungen zeigen, die im Welpenalter nicht zu erkennen waren.

Abb. 4. Fütterung der Welpen im Beisein des Fernsehens: eine willkommene Belebung des Umfeldes. (Foto: U. Ochsenbein)

Leider kann dieser Fall niemals ganz ausgeschlossen werden. In diesem Sinne bleibt jeder Hundekauf immer auch Glücksache.

Die Auswahl des Welpen

Haben wir uns einmal für den Züchter entschieden, bleibt uns noch die Wahl des Welpen. Und gerade hierbei kann uns ein guter Züchter der beste Berater sein. Er beobachtet den Wurf täglich und nimmt das unterschiedliche Verhalten der heranwachsenden Tiere wahr. Natürlich werden auch wir bei unseren Besuchen genau hinschauen, was die Welpen tun, und wir werden Unterschiede feststellen. Die einen sind

aktiver als die andern; die einen scheinen schon jetzt zu dominieren gegenüber ihren Geschwistern, die andern weniger. Aber was wir bei unseren Besuchen zu erkennen vermeinen, kann täuschen. Liegt da zum Beispiel ein Welpe einmal dauernd abseits, ohne viel Antrieb zu zeigen, könnte es sich dennoch um ein sonst aktives Tier handeln, das lediglich zur Zeit unserer Beobachtung eine kleine Blähung hat oder sonstwie unpäßlich ist. Teilen wir nun unsere Beobachtung dem Züchter mit, wird sich herausstellen, ob er allgemein dieselbe Feststellung vom Verhalten des Welpen gemacht hat oder nicht. So kann uns das Gespräch mit dem Züchter vor Fehlentscheiden bewahren.

Abb. 5. Körperkontakte zu Personen in frühester Jugend sind wichtig für das spätere Zusammenleben und -wirken mit dem Menschen. (Foto: U. Ochsenbein)

auch ein im Welpenalter auffallend ruhiges Tier alles bringen, was wir uns von einem Familienhund wünschen können.

Man sieht, daß man die Wahl im Hinblick auf den Verwendungszweck treffen sollte, und der gute Züchter wird uns auch dabei dank seiner Erfahrung ausgezeichnet beraten.

Welpen sind hingegen dann generell nicht zu empfehlen, wenn sie sich stets abseits halten vom Wurf und bei jeder Näherung ängstlich ausweichen vor uns und wenig Kontakt suchen, oder wenn sie deutlich nervös wirken.

Nun kommt es aber immer wieder vor, daß sich der Käufer beim ersten Besuch ganz spontan für einen bestimmten Welpen entscheidet, der sich ihm zufällig als erster nähert oder ihm sonstwie besonders auffällt, sei es durch einen flehentlichen Blick aus dunklen Augen, sei es durch eine aparte Zeichnung des Fells, sei es durch irgendein ihn ansprechendes Verhalten. Bevor man hier den Entschluß zur Anschaffung faßt, sollte man zumindest den Züchter zu Rate ziehen. Aber oft ist es dann gar nicht mehr möglich, den Käufer von seiner Wahl abzubringen. Es muß dennoch später nicht unbedingt schiefgehen. Selbst wenn keine gute Prognose gestellt werden kann, sind auf diese Weise schon glückliche Anschaffungen gemacht worden.

Die oben angestellten Erwägungen haben nur dann Geltung, wenn überhaupt noch eine Auswahl gegeben ist. Ist nur noch ein Welpe aus dem ganzen Wurf erhältlich, werden wir besonders genau untersuchen, ob der herzige kleine Kerl nicht schon jetzt sichtbare Mängel aufweist, besonders scheu, kontaktarm oder nervös ist.

Was sind nun aber die Kriterien, die wir für unsere Wahl in Anwendung bringen wollen? Sicher wird uns ein aufgewecktes und aktives Tier, das offensichtlich soziales Verhalten gegenüber den Geschwistern zeigt, sympathisch sein. Bei den einzelnen Welpen des Wurfes gibt es nun aber Intensitätsunterschiede, auch unterschiedliche Grade des Dominierens. Möchten wir in unserem Rottweiler einen Familienhund haben, ihn aber nicht weiter ausbilden, so sollten wir nicht den aktivsten und dominierendsten der Welpen auswählen. Dies wäre eher der Hund für den Sport- oder den Diensthundeführer. Gerade beim Rottweiler wird uns

Wie aus alledem hervorgeht, ist es von Vorteil, wenn wir den aufwachsenden Wurf mehrmals besuchen und beobachten, solange noch die Möglichkeit der Auswahl besteht. Schon in der dritten Lebenswoche lassen sich unterschiedlich aktive Welpen feststellen. Von der sechsten Lebenswoche an sollten wir den einen oder anderen Welpen, der für uns in Frage zu kommen scheint, auch einmal aus dem Wurf nehmen und etwa auf einer Wiese mit uns in Berührung bringen und mit ihm spielen, ohne ihn freilich zu überfordern. Ein interessierter Züchter wird uns dabei gern begleiten. Außerhalb ihrer gewohnten Umgebung verhalten sich die Tiere immer ein wenig anders. Sie sind in der Regel weniger sicher als inmitten der Geschwisterschar im angestammten Zwinger. Zwei so nacheinander herausgenommene Welpen lassen sich dann in ihrem Verhalten besser vergleichen.

Rüde oder Hündin?

Wer darüber keine bestimmte Vorstellung hat, wird sich etwa folgendes überlegen müssen: Die Hündin wird zweimal im Jahr läufig und zuweilen auch scheinträchtig über mehrere Wochen. Das bringt für den Besitzer gewisse Auflagen mit sich. Der Tierarzt und der Züchter sind am besten in der Lage, uns darüber kompetent Auskunft zu geben; dies besonders in bezug auf die Möglichkeiten, die Läufigkeit zu verhindern. Hier sei nur erwähnt, daß wir mit einer läufigen Hündin nicht die gewohnten Spazierwege benützen können, ohne den Ärger aller Rüdenbesitzer heraufzubeschwören, welche hier zu spazieren pflegen. Es besteht auch die Möglichkeit, die Hündin zu kastrieren, was – im Gegensatz zum Rüden – zu keiner Veränderung ihres Wesens führt und mit Arbeitshündinnen von jeher gemacht wird.

Außerhalb der Läufigkeit ist die Hündin im Vergleich zum Rüden übrigens genauso leistungsfähig. Es wird auch behauptet, sie sei anhänglicher als der Rüde, was aber doch eher eine Frage der individuellen Veranlagung als des Geschlechts sein dürfte.

Beim Rüden kann vor allem sein ausgeprägter Hang zum Beschnüffeln und Markieren (Beinheben) aller optisch und geruchlich auffallenden Stellen stören, doch ist dies bei richtiger Erziehung in Grenzen zu halten. Sicher neigt er auch eher als die Hündin zum Streunen, besonders wenn läufige Weibchen in der Nähe wohnen oder herumstreichen. Wer aber seinem Hund Gelegenheit zum Streunen gibt, verstößt gegen eine Grundregel der Hundehaltung.

Manche Besitzer haben Angst vor der Rauflust ihres Hundes und zittern vor jeder Begegnung mit gleichgeschlechtlichen Artgenossen. Aber auch das ist mehr Erziehungsfrage als Veranlagung. Im übrigen ist es schlimmer, wenn eine Hündin zu raufen beginnt, da sie diese Zweikämpfe ernsthafter führt als der Rüde.

Ganz allgemein läßt sich aber sagen, daß eigentlich noch kein Hundebesitzer, der von der Haltung von Rüden zur Haltung von Hündinnen oder umgekehrt übergegangen ist, sich ernstlich zu beklagen hatte. Meistens werden dann mehr die Vorteile als die Nachteile hervorgehoben, welche der Wechsel einbrachte, aber im Grunde gleichen sich diese aus.

Wie alt soll der Hund bei der Anschaffung sein?

Normalerweise übernimmt man den Welpen im Alter von acht, zehn oder zwölf Wochen vom Züchter (vgl. S. 13). Dazu gibt es einiges zu sagen. Mit acht Wochen haben beim Welpen ohnehin das Selbständigwerden und die Abwendung von der Mutter ihren Anfang genommen. Der Zeitpunkt der Übernahme ist somit recht günstig, doch steht dem entgegen, daß sich der Welpe noch wenig in der Sozialisierung mit seinen Geschwistern hat üben können. Er ist somit noch nicht so sicher in der Auseinandersetzung mit Artgenossen, wie dies für spätere Begegnungen wichtig wäre.

Übernehmen wir ihn trotzdem mit acht Wochen, sollten wir ihn fortlaufend mit anderen Hunden in Berührung bringen und nicht vor lauter Angst von ihnen fernhalten. Ein Rottweilerwelpe ist äußerst robust und verträgt einiges. Er sollte möglichst viele Begegnungen erfahren und mit anderen jungen Hunden herumtollen dürfen. Vielleicht kann man sich dazu mit dem Käufer eines Geschwisterwelpen treffen. Sollten wir jedoch unseren Rottweiler dort kaufen, wo der Zwinger wenig Abwechslung für die Welpen bietet, dann kann, wie gesagt, die Übernahme mit acht Wochen nur günstig sein, weil er jetzt noch Erfahrungen gut aufnehmen und verarbeiten kann.

Mit zehn Wochen kann ein Welpe aus einem gut geführten Zwinger bedenkenlos übernommen werden, mit zwölf Wochen ebenfalls. Das bringt den Vorteil, daß die ersten Impfungen noch beim Züchter vorgenommen werden können. Zudem erleben die Welpen so einen guten Teil der Sozialisierungsphase noch im Rudel, was in jeder Beziehung für ihre Entwicklung förderlich ist.

Bleibt ein Tier jedoch sechzehn Wochen und länger im Zwinger, besteht die Gefahr einer Wesenseinbuße. Diese kann durch mangelnde Kontaktmöglichkeiten zu Menschen ebenso erfolgen wie durch das Bedrängtwerden durch ältere, noch im Zwinger verbliebene Tiere. Bei Welpen, die länger im Zwinger verbleiben, ist damit zu rechnen, daß ihre Anpassung am neuen Platz mit erheblich mehr Mühe verbunden und auch nie mehr so optimal sein wird, wie sie zuvor hätte sein können. Es sei denn, der Züchter hätte in dieser Zeit den jungen Hund wie sein eigenes Tier ins Haus genommen und behandelt.

Worauf ist bei der Übergabe zu achten?

Für den seriösen Züchter ist es selbstverständlich, daß er den Käufer auf schon erkennbare Mängel aufmerksam macht. So zum Beispiel, wenn ein Rüde nur einen oder keinen Hoden aufweist, was ihn später von der Zucht ausschließen würde. Er wird zudem Auskunft über den gesundheitlichen und wesensmäßigen Zustand der Elterntiere geben. Dort, wo die Elterntiere bezüglich Hüftgelenksdysplasie, einer erblichen Deformation des Hüftgelenks, geröntgt worden sind, wird er uns den Befund vorlegen. Meistens liegt bei der Übergabe die Ahnentafel noch nicht vor, aber anhand der vorhandenen Unterlagen ist ersichtlich, ob es sich bei unserem Welpen wirklich um ein Rassetier im Sinne der Zuchtbestimmungen handelt, mit dem wir später auch Ausstellungen besuchen und uns hundesportlich betätigen können. Normalerweise übergibt uns der Züchter mit dem Hund auch dessen Internationalen Impfpaß, in dem die erste Impfung gegen Staupe, ansteckende Leberentzündung, Leptospirose, Parvovirose und oft zusätzlich gegen Zwinger-Virus-Husten eingetragen ist. Diese ersten Impfungen ergeben eine Grundimmunisierung, müssen aber in einigen Wochen wie-

Abb. 6. „Ist nun die Stunde gekommen, da wir den Welpen sozusagen unter den Arm nehmen, um ihn freudig nach Hause zu bringen…" (Foto: U. Ochsenbein)

derholt werden. Das sollten wir auf keinen Fall vergessen.

Es ist gut zu wissen, was, wie oft und wieviel der Welpe in der letzten Woche zu fressen bekam, und welche Art der Fütterung der Züchter weiterhin empfiehlt. Am besten übernehmen wir vorerst das von ihm gegebene Futter nach Qualität und Quantität. Ein Nahrungswechsel zum Zeitpunkt der Übernahme, wo der Hund psychisch ohnehin stärker belastet ist, sollte vermieden werden. Manche Züchter geben uns aus diesem Grunde etwas Futter mit und dazu einen kleinen Fütterungsplan.

Bevor wir nun unseren Welpen nach Hause nehmen, werden wir ihn nochmals genau ansehen. Er sollte so munter wie üblich sein, ein glänzendes Fell ohne jede Wundstellen, die ekzemartig sein könnten, aufweisen, saubere Ohrmuscheln und klare Augen ohne Ausfluß sowie mit normaler hellroter Färbung der Schleimhäute haben. Gebiß und Mundhöhle dürfen keine entzündeten Stellen erkennen lassen. Der Stuhlgang muß normal sein, und die Aftergegend darf keine Spuren von Durchfall zeigen. Beim Rüden sollten beide Hoden deutlich spürbar hervortreten.

All das wird uns, wie schon öfters erwähnt, der gute Züchter selbst erklären und zeigen. Aber es kann auch einmal etwas vergessen werden. Auch Züchter sind nur Menschen.

Heute ist es meist üblich, daß ein Kaufvertrag unterzeichnet wird, worin der Züchter erklärt, daß ihm keine offensichtlichen oder verborgenen Mängel oder Krankheiten des betreffenden Tieres bekannt sind. Der Käufer dagegen bestätigt, den Hund besichtigt zu haben. Auch ist er damit einverstanden, später zutage tretende erworbene oder erblich bedingte Mängel nicht geltend zu machen, die sich auf den Körperbau oder das Wesen des Hundes oder auf seinen Gesundheitszustand beziehen und die bei der Übergabe nach menschlichem Er-

messen nicht zu erkennen oder vorauszusehen waren.

Ist nun die Stunde gekommen, wo wir den Welpen sozusagen unter den Arm nehmen, um ihn freudig nach Hause zu bringen, dann gilt es, nochmals zu überlegen, wie es nun in jeder Einzelheit weitergehen soll. Das ist nur möglich, wenn wir schon Tage zuvor im Familienkreis besprochen haben, wie wir vorgehen wollen, wenn unser kleiner Rottweiler in unserem Heim als ein neues vierbeiniges Familienmitglied einzieht. Im nächsten Kapitel wird davon die Rede sein. Doch zuvor noch einige Hinweise für den Fall, daß man ein älteres Tier zu übernehmen gedenkt.

Wie kaufe ich einen erwachsenen Rottweiler?

Kauft man einen Welpen bei einem verantwortungsbewußten Züchter, der um eine fördernde Aufzucht besorgt ist, haben wir eine gute Chance, einen Rottweiler zu erwerben, der später angenehm zu halten sein wird. Freilich müssen wir nach der Übernahme den Hund entsprechend betreuen und erziehen, und dazu benötigen wir besonders in den ersten Monaten recht viel Zeit. Aber dieser Aufwand bringt auch viel Freude mit sich. Da Hunde bis ins hohe Alter anpassungsfähig bleiben können, ist es durchaus möglich, auch mit dem Erwerb eines erwachsenen Tieres einen guten Kauf zu tun. Ebensogut können wir dadurch jedoch in Schwierigkeiten geraten, wenn wir nicht im voraus einiges abklären.

Erstens sollten wir in Erfahrung bringen, warum der Hund überhaupt weggegeben wird. Dies ist nicht immer einfach. In einem Tierheim wird man uns vielleicht das melden, was vom früheren Besitzer angegeben wurde. Daß dessen

Angaben oft nicht mit der Realität übereinstimmen, liegt auf der Hand, denn niemand gibt gern zu, daß er einen Mißerfolg in Sachen Hundehaltung erlitten hat. So wird uns auch der Besitzer selbst nur ausweichend orientieren. Wo man also keine glaubwürdige Auskunft erhält, ist Vorsicht geboten. Dies um so mehr, als sich der Hund anfangs in seiner Umgebung in der Regel manierlich benimmt, bis er sich mit zunehmender Gewöhnung sicherer fühlt. Jetzt erst treten jene Untugenden auf, die unter Umständen zu seiner Weggabe geführt hatten. Und das kann stufenweise so weitergehen, bis wir mit etwa sechs Monaten endlich wissen, was wir wirklich für einen Hund angeschafft haben. Natürlich können wir bei jedem plötzlich zutage tretenden Fehlverhalten erzieherisch einwirken. Doch verursacht eine derartige Nacherziehung leicht mehr Mühe, als es das Heranbilden eines Welpen zu einem erzogenen Junghund getan hätte. Zudem ist der Erfolg nur dann zu erwarten, wenn wir genügend Kenntnisse besitzen, um sehr klar und konsequent vorgehen zu können.

Zweitens sollten wir, wenn irgend möglich, herausbekommen, wo und unter welchen Umständen der betreffende Hund seine Welpenzeit verbracht hat. Bringen wir in Erfahrung, daß er seine ersten zehn bis zwölf Lebenswochen in einem günstigen Umfeld erlebt hat, dürfen wir damit rechnen, daß er sich bei uns zunehmend gut einleben und benehmen wird. Auch Ängstlichkeit kann dann noch abgebaut werden. Das allerbeste wäre also, wir könnten mit dem ehemaligen Züchter des Hundes in Kontakt kommen und ihn besuchen und befragen. Mag sein, daß dann alle Bedenken fallengelassen werden können.

Eine günstige Voraussetzung für die Übernahme eines älteren Hundes ist immer dann gegeben, wenn wir die Verhältnisse an seinem bisherigen Platz aus eigener Anschauung kennen. Dann sind uns ja die Besitzer nicht unbekannt, und es läßt sich ein offenes Gespräch führen über den Grund der Abgabe.

Kann der erste Besitzer dies alles glaubwürdig erklären und berichtet er auch über das bisherige Verhalten des Hundes offen, dann können wir beruhigt sein und freudig dem betroffenen Hund ein neues Heim bieten, ohne größere Risiken einzugehen.

In jedem Falle jedoch sollten wir den zu übernehmenden Hund zuerst einmal aus seinem ihm gewohnten Lebensbereich für einige Stunden oder gar Tage herausnehmen und mit ihm spazierengehen und ihn nach Hause mitnehmen. Dabei zeigt es sich, ob der Hund eine normale Kontaktfreude uns gegenüber erkennen läßt oder ob er mit zunehmender Entfernung vom gewohnten Bezirk unruhiger, ängstlicher und kontaktärmer erscheint. Diese Probe aufs Exempel sollte man nie unterlassen.

Erziehung und Ausbildung eines schon erwachsenen Hundes

Die hier für die Erziehung des Welpen und des Junghundes empfohlenen Vorgänge können auch für jeden schon erwachsenen oder gar älteren Hund angewandt werden. Natürlich muß mit etwas mehr Arbeitsaufwand gerechnet werden. Aber die gezielte, überlegte und ruhige Art des Vorgehens bringt auch hier früher oder später den Erfolg. In der Versuchsgruppe des Schweizerischen Vereins für Katastrophenhunde wurden mehrfach ältere Hunde ausgebildet, um die Lernfähigkeit dieser Tiere zu beweisen. Momentan ist ein achtjähriger Boxer im Training, der sich zuerst völlig unzugänglich zeigte, nach wenigen Übungen jedoch immer arbeitsfreudiger und damit auch lernfähiger wurde. Er steht nun nach einem Jahr vor der Schutzhundeprüfung der ersten Stufe.

Das Einfügen des Junghundes ins „Familienrudel"

- Wo soll unser Hund schlafen, wo essen?
- Welche Räume soll er von Anfang an nicht betreten?
- Wo kann er in Wohnungsnähe seine Notdurft verrichten?
- Wer bereitet ihm das Futter zu, und wer gibt es ihm?
- Wo soll der Hund die erste Nacht verbringen?
- Was tun wir von Beginn an, um seine Stubenreinheit zu fördern, und wer ist dafür verantwortlich?

Alle diese Fragen sollten wir uns im Familienrat gestellt und beantwortet haben, bevor wir losfahren, um den Welpen nach Hause zu holen. Tun wir dies nicht, wird zuviel auf einmal auf uns zukommen, wenn der Kleine zu Hause ist und überall herumschnüffelt. Schon wird er ein erstes Bächlein auf den besten Teppich des Hauses laufen lassen, und die Folge davon sind dann aufgeregte Gespräche und Meinungsverschiedenheiten im Familienkreis. Dem können wir vorbeugen, indem wir die eingangs aufgezählten Probleme eben abspre-

chen, bevor wir voller Erwartungen beim Züchter vorfahren, wo jener kleine Rottweiler auf uns wartet, der hoffentlich die nächsten zehn Jahre und mehr in unserer Familie zubringen wird.

Die Heimfahrt

Unser Welpe steht jetzt an der Schwelle des Junghundealters, und da ist er noch überaus aufnahmebereit und anpassungsfähig, aber auch entsprechend sensibel. Und heute mehr noch als später prägen sich ihm alle jene Vorgänge sofort tief ein, die er zum ersten Mal erlebt. Das gebietet uns, umsichtig zu handeln. Zur Verdeutlichung dieses Grundsatzes sei das folgende krasse, aber leider oft vorkommende Beispiel angeführt.

Man bringt beim Abholen den Welpen auf dem Rücksitz (oder womöglich auf dem Beifahrersitz!) unter und fährt munter los. Irgendwann beginnt der Kleine sich zu übergeben, aber das hat man ohnehin erwartet und mit einer Plastikunterlage vorgesorgt. Also möglichst schnell weiterfahren, zu Hause wird sich dann der Welpe schnell erholt haben. Dem ist tatsächlich so, nach einigen Minuten, da er wieder festen Boden unter den Füßen hat, fängt der Kleine an, sich wieder ganz normal zu benehmen. Doch leider hat sich die rigorose Prozedur bei ihm tief eingeprägt. Heben wir ihn das nächste Mal in den Wagen, wird ihm schon schlecht, bevor wir anfahren, das Erbrechen erfolgt wenig später. Und das wird nun bei diesem Hund über Monate, vielleicht gar über Jahre so bleiben. Er ist durch unsere Gedankenlosigkeit zu einem notorischen Autokranken geworden. Jetzt ist guter Rat teuer. Es wäre besser gewesen, wir hätten bei der Heimfahrt die folgenden Regeln beachtet:

1. Eine Person betreut den Welpen während der Fahrt, hält ihn fest, lenkt ihn ab, spielt mit ihm (am besten mit einem Gegenstand, der nach dem Zwinger riecht, einem Tuchfetzen etwa).
2. Nach wenigen Minuten Fahrt wird an geeigneter Stelle angehalten, und der Welpe wird an der Leine oder frei einige Zeit bewegt. Man setzt ihm zudem etwas Wasser vor (Schüssel mitnehmen).
3. Bei der Weiterfahrt ist der Welpe ständig zu beobachten, und beim geringsten Anzeichen von Übelkeit (starker Speichelfluß, überstarkes Hecheln, Unruhe) wird erneut angehalten und wie oben verfahren.
4. Bleibt der Welpe bei der Weiterfahrt ruhig, beginnt er gar zu dösen, dann kann die Reise ohne weitere Unterbrechungen zu Ende geführt werden, wobei man guttut, kurvenreiche Strecken nicht allzu schnell zu fahren.

Wird uns der Welpe in einer Box per Bahn oder Flugzeug zugestellt – was durchaus zu verantworten ist – werden wir ihn vor dem Weitertransport im Wagen eine halbe Stunde bewegen, ihm auch – mit Unterbrechungen – genügend Wasser zu trinken geben. Es ist übrigens erstaunlich, wie gut Welpen und auch erwachsene Hunde in der Regel Bahn- und Flugreisen überstehen. Ihre Boxen befinden sich dabei lange Zeit in recht ruhiger Lage, und so gewöhnen sich offenbar die Tiere an dieses Umfeld. Oft sind sie kurz nach dem Verlassen der Box schon hellwach und fidel.

Abb. 7. Gezielte Beschäftigung und Zuwendung geben dem heranwachsenden Welpen das Gefühl von Vertrauen und Geborgenheit. (Foto: U. Ochsenbein)

Die Ankunft zu Hause

Bevor wir den Welpen in die Wohnung nehmen, tragen wir ihn vom Wagen direkt an jenen
Ort im Garten oder in der Nähe des Hauses,
den wir zu seiner primären Lösungsstelle bestimmt haben. Dort lassen wir ihn sich frei oder
an der Leine so lange bewegen – dies ohne jedes Einwirken auf ihn – bis er von sich aus sein
Wasser läßt. Und genausolang, wie das Wasser
rinnt, sprechen wir wiederholt einschmei-
chelnd und lobend das erste Hörzeichen aus,
das er kennenlernen soll: „Brav Pipi machen!"
o.ä. Damit verknüpft sich im Hund das ange-
nehme Gefühl der Entleerung mit unserem
sanft gesprochenen Hörzeichen. Bald werden
wir so in der Lage sein, durch das bestimmte
Hörzeichen (das nie als Befehl drängend, sondern stets geduldig-einschmeichelnd ertönt)
den Hund zum Wasserlassen und später auch
zum Kotabsetzen veranlassen zu können. Und
damit haben wir mit wenig Aufwand schon sehr
viel erreicht, auch für uns selbst, weil wir an diesem Beispiel das Entstehen einer Verknüpfung
beim Hund erkennen konnten. Was immer wir
auch von diesem wichtigen Augenblick an vom
Hund an Verhaltensweisen verlangen werden,
es wird ihm am schnellsten, sichersten und
nachhaltigsten durch das Herstellen einer solchen Verknüpfung beigebracht.

Erst nach diesem ersten Akt der Entleerung in
heimatlichen Gefilden bringen wir den Hund
ins Haus und in die Wohnung.

Verhalten in der Wohnung

Nicht alle Züchter sorgen dafür, daß der Welpe
sich während der Aufzucht an verschiedenarti-
ge Innenräume gewöhnen kann. So kann es
geschehen, daß auch unser Rottweiler etwas
Zeit braucht, um sich schließlich in der Wohnung zurechtzufinden und wohl zu fühlen. Am
besten tragen wir ihn gleich hinein, damit er
nicht durch einen dunklen Eingang mit glattem
Boden sowie Treppenstufen verunsichert wird.
Wer freilich den Hund überhaupt nicht im Haus
halten will, kann ihn in den Zwinger bringen, ein
Umfeld, das ihm vermutlich bekannt vorkom-
men und ihn weniger beunruhigen wird. Warum sich jedoch der Rottweiler grundsätzlich
nicht zur ausschließlichen Zwingerhaltung eignet, werde ich später noch darlegen. Will man
einen guten Kontakt zu ihm aufbauen, gehört
der Rottweiler zumindest in der ersten Zeit ins
Haus.

Wir sollten nun darauf achten, daß unser Welpe
sich in dem Zimmer, wohin wir ihn gebracht haben, umsehen kann. Es sollte sich nicht gleich
eine Kinderschar auf ihn stürzen, um ihn wie
ein Spielzeugtier zu liebkosen. Man sollte abwarten, bis der Welpe von sich aus Kontakt und
Zuwendung sucht. Er hat nämlich im Moment
unerhört viel zu tun, muß er doch eine ganze
Menge ihm bisher unbekannter Gerüche und
noch nie erlebter optischer Eindrücke verarbeiten. Er wird deshalb schwer beschäftigt sein
und alles abschnüffeln. Ihn dabei zu beobachten, ist so interessant, daß wir leicht die Zeit vergessen. Daher stellen wir den Küchenwecker
auf dreißig Minuten und tragen den Hund erneut hinaus zu seinem Löseplatz. Es ist unser
Vorteil, wenn wir dies regelmäßig jede halbe
Stunde tun, bis wir – an diesem Tag möglichst
spät – ins Bett gehen. Natürlich haben wir in der
Zwischenzeit einiges unternommen mit dem
Kleinen, mit ihm gespielt und ihn gefüttert. So
wird er recht müde sein.

Das erste in der Frühe: Wir tragen ihn wieder
hinaus.

Bei diesem Vorgehen lernen wir das Verhalten
des Welpen in puncto Versäuberung beobachten. So werden wir bald mit einiger Sicherheit
erkennen, wann es jeweils soweit ist. Gleichzei-

tig merkt auch der Hund, daß wir sein Entleeren ernst nehmen und ihn dafür draußen an ein und derselben Stelle zu loben pflegen. Bald können wir nun die Wartezeit verlängern, aber kurz vor und nach jeder Mahlzeit ist der Welpe auf jeden Fall hinauszubringen.

Die allererste Mahlzeit setzt man dem Welpen vor, wenn er sich in der Wohnung etwas beruhigt hat. Natürlich geschieht auch dies an einer zuvor bestimmten Stelle.

Die erste Nacht

Weniger konsequent sollten wir in der ersten Zeit mit dem Schlafplatz sein. Wir haben ihn zwar richtigerweise im Zentrum der Wohnung, meistens im Flur, vorbereitet in Form einer flachen Kiste oder einem Korb mit weicher Einlage. Wir haben den Welpen auch schon tagsüber dort hineingesetzt, ihm ein Spielzeug dazu gelegt und jenen Tuchfetzen, der so schön nach dem Zwinger riecht. Aber dann, wenn sich alles zu Bett begibt, den Welpen allein im Flur zu lassen und die Türen zu schließen, stellt ganz einfach eine Überforderung dar. Er hat bisher immer die Wärme der Geschwister verspürt, ist nie sich selbst überlassen gewesen beim Ruhen. Hinzu kommt nun der fremde Raum mit ungewohnten Gerüchen und Geräuschen. So befindet sich das kleine Lebewesen, das wir oft, ohne viel zu denken, den besten Freund des Menschen nennen, hilflos allein. Wer meint, er müsse sich hier von Anfang an durchsetzen ohne jede Zimperlichkeit, hat vom inneren Wesen einer Hundepersönlichkeit noch gar nichts begriffen. Wie dilettantisch er vorgeht, wird ihm wahrscheinlich auch dann nicht bewußt, wenn ihn schließlich das permanente Heulkonzert des Welpen zu einem anderen Verhalten zwingt. Jetzt aber hat sich der Welpe durchgesetzt, und das registriert er auch.

Wie die Erfahrung zeigt, wird der heranwachsende Hund früher oder später von selbst das ihm zugedachte Lager benützen, auch wenn wir ihm gestatten, die ersten Nächte bei offener Tür zum Flur zuzubringen. Er legt sich dann meist neben unser Bett, und wir können ihm zur Beruhigung unsere Hand hinunterreichen. Nicht selten erleben wir dann, daß der Kleine in der Morgenfrühe zu winseln beginnt, weil er hinaus muß und hinaus will. Unverzüglich in die Pantoffeln schlüpfen, ihn aufheben und hinaustragen ist dann ein Vorgang, der zum ersten Versäuberungserfolg führen kann.

Sicherlich ist dann noch nicht die volle Stubenreinheit erreicht, es wird – besonders wenn wir zu wenig aufmerksam sind – zu Rückfällen kommen. Aber der Weg ist geebnet, und der Erfolg wird nicht ausbleiben. Bei der Aufzucht gut vorbereitete und zu Hause vernünftig behandelte Tiere sind in wenigen Tagen stubenrein. Passiert jedoch ein kleines oder großes Ungeschick in der Wohnung, dann gilt es, völlig gelassen zu bleiben, den Hund sogleich an den Versäuberungsplatz zu tragen, auch wenn der Akt an sich schon erledigt ist. Schimpfen wir den jungen Hund aus, bedrohen oder schlagen wir ihn gar, dann verunsichern wir ihn dermaßen, daß sich das Fehlverhalten festsetzt. Es hat dann nichts mit Trotz zu tun, wenn er sich fast ausschließlich in der Wohnung zu entleeren beginnt. Es ist dies vielmehr die Folge davon, daß wir den Kleinen völlig verängstigt und durcheinandergebracht haben. Es werden übrigens immer noch Hundebücher angeboten, wo das Eindrücken der Schnauze in die an falscher Stelle abgesetzten Kothäufchen als wirksames Erziehungsmittel empfohlen wird. Dummheit kennt eben keine Grenzen. Grundsätzlich ist es immer falsch, einen Hund zu etwas zwingen zu wollen, bevor man sicher ist, daß er überhaupt die Chance hat zu merken, was wir eigentlich von ihm wollen.

Was wir hier über unser Verhalten gegenüber dem bei uns zu Hause eingetroffenen Welpen gesagt haben, gilt für die ersten zwei bis drei Tage am neuen Ort.

Die ersten vierzehn Tage

In dieser Phase ist es wichtig für unseren Rottweiler, daß wir ihm genügend Zeit, aber auch Anregung bieten, damit er sich bei uns einleben kann. Jede Überforderung ist zu vermeiden, wir sollten ihm viele Freiheiten gewähren. Das heißt jedoch nicht, daß wir ihn nicht schon ein wenig einordnen und zudem an Halsband und Leine gewöhnen können, soweit dies nicht schon beim Züchter geschehen ist.

Was er auf keinen Fall tun darf, das kann man ihn schon merken lassen, indem man Tabus setzt. So ist er beispielsweise mit einem kräftigen Schubs von der Schwelle bei jenen Räumlichkeiten zurückzubefördern, die er nicht zu betreten hat, wie etwa die Küche und das Badezimmer. Er wird normalerweise bald auf derartige Korrekturen reagieren, indem er die gesetzten Grenzen respektiert. Fällt ihm dies jedoch schwer, dürfen wir uns darüber freuen, da es eine gewisse Intensität und Beharrlichkeit verrät, die uns und dem Hund später zustatten kommt. Dennoch werden wir konsequent und geduldig unsere Einwirkungen wiederholen, bis der Erfolg eintritt.

Auf oder bei seinem Lager deponieren wir einige geeignete Spielzeuge, so etwa einen Hartgummiball (nicht unter vier Zentimeter Durchmesser), einen alten Schuh, einen ebensolchen Gürtel und was uns sonst noch zur Verfügung steht. Ab und zu legen wir ein ihm noch unbekanntes Objekt dazu. Und in jenen Viertelstunden, da der Kleine unseren Kontakt aufgeregt sucht und unsere Hände, Arme und Füße mit seinen spitzen Milchzähnen faßt, wenden wir uns ihm spielend zu, holen sein Spielzeug herbei und beschäftigen ihn damit. Den jungen Hund in diesem Zustand innerer Erregtheit und Kontaktlust abzuweisen, nur weil man am Fernseher sitzt, ist geradezu unkultiviert und zudem schädlich. Machen wir seine Spiele nicht mit, wird er sich selber beschäftigen und dabei mit großer Wahrscheinlichkeit Schaden anrichten. Ist dies einmal geschehen, hat Strafe gar keinen Sinn, weil der Hund diese nicht mit dem Vorgang in Verbindung zu bringen weiß, der schon vorüber ist. Aber wir werden ihn beobachten und dann eingreifen, wenn er sich wieder daran macht, den Teppich oder ein Stuhlbein zu benagen. Am besten werfen wir etwas Handliches, das ihn nicht verletzen kann, in die Nähe, wo er eben den Impuls zu dem unerwünschten Tun erkennen läßt. Gleichzeitig können wir zusätzlich ganz ruhig „Nein" sagen, und bald werden wir ihn mit diesem „Nein" überall dort bremsen und abhalten, wo er im Begriff ist, etwas Unzulässiges zu unternehmen.

Kontakt zu Artgenossen

Gerade in der ersten Zeit sollten wir unseren Rottweiler möglichst oft unter andere Hunde bringen. Er ist außerordentlich robust, und es schadet ihm keineswegs, wenn er im Spiel einmal unter ein älteres Tier gerät. Schaden erfolgt jedoch dann, wenn wir ihn ständig mit aufgeregten Worten und Leinenzerren vom Spiel oder gar von jeglicher Kontaktnahme mit anderen Hunden fernhalten. Dadurch, daß wir ihm keine Gelegenheit geben, sich selbst mit seinen Artgenossen auseinanderzusetzen, machen wir ihn unsicher. Er braucht diese Erfahrungen, um selbständig und sicher zu werden. Ist er einmal erwachsen, wird es dann auch nicht zu Schwierigkeiten mit anderen

Abb. 8. Das Spiel mit Artgenossen jeder Form fördert die Selbständigkeit und Sicherheit des Junghundes. (Foto: U. Ochsenbein)

Hunden kommen. Selbst wenn er später ein gleichgeschlechtliches Tier zu dominieren versucht, das heißt anrempelt und unter sich zu bringen trachtet, wird sich seine Aggression in Grenzen halten. Er wird zwar zupacken, aber nicht beißend verletzen. Daß dies gerade für unseren kräftigen und temperamentvollen Rottweiler wichtig ist, liegt auf der Hand. Auf diese Dinge sollte eben schon beim Junghund geachtet werden.

Zugreifen mit dem Fang

Da das Milchgebiß spitz und scharf ist, kann es schon einige Kratzer setzen, wenn unser Hund uns mit dem Fang anfaßt. Seine Beißhemmung ist eben auf die Felldicke seiner Geschwister abgestimmt, und wir haben erheblich dünnere Haut. Den Hund aber deswegen ständig grob abzuweisen, wenn er nach uns faßt, würde ihn frustrieren. Man muß sich vorstellen, daß der Hund ja alles mit der Schnauze betastet und untersucht. Ihm stehen keine Hände zur Verfügung zum Tasten, Liebkosen, Zugreifen und Tragen. Seine ganze Freundlichkeit und Zuneigung drückt er mit dem Fang aus. Es wäre hart für ihn, wenn er dabei stets mehr oder weniger heftig abgewiesen würde, nur weil wir aus Unkenntnis heraus meinen, dies sei der Anfang einer späteren Beißlust. Hingegen können wir ihn durch einen lauten Wehlaut von allzustarkem Anfassen abbringen, wie dies seine Geschwister im Wurf ja auch getan haben. Das kann er „verstehen", das heißt, er wird zunehmend sanfter fassen. Gerade dieser Vorgang ist ein Akt früher Verständigung zwischen Besitzer und Hund.

Spazieren und Leinenführigkeit

Stemmt sich der kleine Rottweiler anfangs dagegen, an der Leine mitgeführt zu werden, nützt unser Zusprechen oder Schimpfen gar nichts, solange die Leine straff gespannt ist. Wir ziehen den Hund am besten mit etwas Schwung heran und lassen die Leine gleich wieder locker. Jetzt können wir den Hund mit Worten, vielleicht auch mit einem Leckerbissen zum Weitergehen ermuntern. Wiederholt man diesen Vorgang einige Male, wird sich der Hund aus seiner Verkrampfung lösen und immer besser mitzugehen beginnen. Bald wird er auch vorausdrängen, besonders wenn man sich auf einem ihm bereits bekannten Wegstück befindet, wo er dank seines bestens funktionierenden Gedächtnisses das eine oder andere verlockende Ziel anstrebt. Dieses an gespannter Leine Nach-vorn-Drängen sollte man ihm nicht schon jetzt abgewöhnen. Er ist ja noch so leicht, daß man ihn trotzdem unter Kontrolle zu halten

vermag. Hingegen ist zu empfehlen, kein zu dünnes Halsband oder Kettenband zu verwenden. Ein breit aufliegendes Lederband eignet sich am besten. Es schont den Kehlbereich des Hundes. Kettenbänder sind zwar später praktisch, aber wenn Hunde untereinander spielen, sollten sie stets entfernt werden. Es besteht nämlich die Gefahr, daß sich die Hunde im spielerischen Zupacken daran die Eckzähne ausbeißen. Man achte deshalb auch darauf, daß die Spielpartner unseres Rottweilers kein Kettenhalsband tragen.

Natürlich unternehmen wir vorerst mit unserem Rottweiler keine ausgedehnten Wanderungen, dafür aber regelmäßige Spaziergänge. Für sein späteres Abrufverhalten ist es nun wichtig, daß wir beim Spazieren stets in Bewegung bleiben, ohne den Hund ständig zu rufen. Durch das fortschreitende Sichentfernen seiner „Meute" gewöhnt sich der junge Hund schon jetzt daran, darauf zu achten, wo sie sich befindet. Er folgt so aus eigenem Antrieb, und er kann dann gerufen werden, wenn er ohnehin schon herbeikommt. So erfaßt er bald den Sinn unseres Hörzeichens. Wird der Hund so abgelenkt, daß er nicht mehr folgt, wäre es grundfalsch, ihn nun mit wiederholten Rufen herbeizubefehlen. Richtig ist, daß wir auch hierbei den Hund nicht überfordern und ihn einfach herbeiholen. Das gilt auch, wenn wir hier und dort stehenbleiben, um dem Hund Gelegenheit zum Spiel mit seinen Artgenossen zu geben. Wie wichtig der Kontakt für unseren jungen Rottweiler mit anderen Hunden ist, dürfte mittlerweile klar sein. Ebenso wichtig ist aber auch der Kontakt zu möglichst vielen und verschiedenartigen menschlichen Wesen, auch zu Kindern. Wir müssen nicht befürchten, unser Rottweiler entwickle sich dadurch zum Allerweltshund. Seinem ausgeprägten Gefühl für Zugehörigkeit können wir absolutes Vertrauen schenken, vorausgesetzt natürlich, daß wir un-

Abb. 9. Der tägliche Spaziergang. (Foto: U. Ochsenbein)

serem Hund auch das bieten, was ihm Sicherheit, Beschäftigung und Wohlbefinden verschafft.

Leider gibt es viele Hundebesitzer, die ihren Hund ausführen, ohne ihm ihre Gedanken und ihre Aufmerksamkeit zu schenken. Sie ziehen es vor, den eigenen Gedanken nachzuhängen oder mit anderen spazierenden Hundebesitzern endlose Gespräche zu führen. Die Folge:

Der Hund erlebt die Dinge nicht mehr mit dem Besitzer gemeinsam. Es bildet sich kein vertieftes Verhältnis zwischen Halter und Hund. Dabei bietet sich bei jedem Spaziergang mit dem jungen Hund die allerbeste Gelegenheit zum Aufbau von gegenseitigem Verständnis und Vertrauen. Auf die „Technik des Spazierens mit dem Hund" werden wir deshalb noch zu sprechen kommen.

31

Die Grunderziehung

Nicht umsonst wurde hier so eingehend über die Aufzucht des Rottweilers und die Vorgänge beim Kauf sowie über die allererste Zeit beim Besitzer gesprochen. Denn in den ersten drei bis vier Monaten nach der Geburt entscheidet sich grundsätzlich, was für einen Hund wir am Ende haben werden. Selbstverständlich spielt auch die naturgegebene Wesensart des Hundes eine wichtige Rolle, doch können wir diese nicht ändern. Was wir – und vor uns der Züchter – tun können, ist eine gezielte Förderung der Anlagen des Hundes, damit er anpassungsfähig und sicher wird. Hat man sich ernsthaft darum bemüht, in diesem Sinne auf ihn einzuwirken, ist unser Rottweiler, der nun mit etwa vier Monaten zum Junghund geworden ist, optimal für seine spätere Aufgabe vorbereitet, sei dies als Familienhund und Begleiter, sei es als Sport-, Dienst- oder Rettungshund. Ohne eine solche fachgerechte Vorbildung des Welpen würden wir später in jeder Beziehung mit Schwierigkeiten zu rechnen haben.

Ein wesentlicher Punkt der genannten Vorbereitungszeit ist die Vertrautheit mit dem menschlichen Partner, die hier systematisch aufgebaut wurde. Das ermöglicht es uns in Zukunft, uns mit dem Hund zu verständigen. Bei diesem Verständigungsvorgang werden uns immer wieder Fehler unterlaufen, meistens deshalb, weil wir sein Auffassungsvermögen falsch einschätzen. Das bringt jedoch einen gut vorbereiteten Hund nicht aus dem Konzept. Sein grundlegendes Vertrauen zu uns befähigt ihn, entstandene Unsicherheiten und Mißverständnisse zu verkraften und für Korrekturen ansprechbar zu bleiben.

Es wäre nun schade, wenn wir uns nicht weiterhin mit dem Hund erziehend und ausbildend beschäftigen würden. Es ist nicht etwa so, daß wir nun warten können, bis er später sozusagen „zur Schule" geht. Im Gegenteil, was wir jetzt erzieherisch mit ihm erreichen, macht den späteren Besuch eines sogenannten Erziehungskurses überflüssig. In einem solchen Kurs werden auf dem Übungsplatz Dinge geübt, die ein vernünftig erzogener Hund schon längst gelernt hat und – was das Entscheidende ist – auch in der Alltagspraxis der Hundehaltung anzuwenden gewohnt ist.

Was ich nun hier empfehle, kostet uns sehr wenig Zeit, erfordert jedoch etwas Selbstdisziplin und Konzentration. Aber es lohnt sich in hohem Maße. Wir bauen die Übungen also dort ein, wo wir sie auch später brauchen, nämlich bei den üblichen alltäglichen Vorgängen wie die Wohnung verlassen, das Gartentor passieren, die Straße überqueren, das Auto besteigen und es wieder verlassen. Dann weiter das Freilaufenlassen beim Spazieren und das Abrufen zum Anleinen.

Aufbruch zum Spaziergang

Am besten verwenden wir eine Lederleine mit zwei Karabinerhaken, wovon einer zum Verkürzen der Leine auf die Hälfte ihrer Länge dient, der andere zum Einklinken im Ring des Halsbandes. Ist unser Hund ein „Leinenkiller", können wir zum Anbinden eine leichte Kette verwenden, doch niemals sollten wir den Hund an einer solchen Kette führen. Damit gefährden wir unsere Hände, nicht selten werden Sehnen angeschnitten oder abgetrennt, wenn sich ein Hund mit Wucht in die Kette stemmt und sich deren Glieder um einen Finger wickeln. Ein einfaches, nicht zu schmales Lederband mit festem Ring eignet sich vorzüglich als Halsband.

Ein Kettenhalsband ist an sich praktisch, doch könnten sich – wie schon erwähnt wurde – andere Hunde beim Spiel mit unserem Hund daran einen Eckzahn ausbeißen. Bei jedem Weggang mit dem Hund zeigen wir ihm zunächst das Halsband und legen es ihm dann mit ermunternden Worten um, oder wir lassen ihn hineinschlüpfen, was er bald gerne tun wird, da es ja nun hinausgeht. Wohnen wir ohne Vorgarten, werden wir ihn schon vor der Wohnungstüre, spätestens aber vor der Haustüre an die Leine nehmen. Das Ritual des Anleinens geht wie folgt vor sich:

1. Bestimmt, aber doch sanft, ziehen wir den Hund an unsere linke Seite, heben ihn mit der rechten Hand am Halsband etwas an und helfen ihm – mit den Fingerspitzen der linken Hand auf seine Kruppe tippend – in Sitzstellung zu gehen.
2. Erst wenn er das getan hat und richtig sitzt, senken wir das leicht angehobene Halsband sachte, indem wir gleichzeitig freundlich „Sitz!" sagen.
3. Jetzt richten wir uns auf und warten ein bis zwei Sekunden. Steht der Hund wieder auf, sagen wir freundlich und ruhig (kein Befehlston!) „Nein!" zu ihm und bringen ihn wortlos erneut in Sitzstellung, wie unter Punkt 1 und 2 beschrieben.
4. Nun nehmen wir den Hund an die Leine, die wir bis jetzt um die Schulter gehängt oder in der Tasche getragen haben, damit sie uns nicht stört.

Vorläufig korrigieren wir den jungen Hund noch nicht, wenn er beim Anleinen wieder aufsteht und hinausdrängen will. Aber im Laufe einiger Wochen werden wir auch hierbei das Verweilen in Sitzstellung von ihm verlangen, bis wir ihn mit dem Hörzeichen „Komm!" mit uns gehen heißen. Bis dahin wird jedoch unser

Hund schon fast von selbst vor Tür und Tor in Sitzstellung gehen.

Genauso gehen wir vor, wenn wir den Randstein vor dem Überqueren einer Straße erreicht haben: Erst setzen, dann kurz loben und nach einer kleinen Pause zum Mitgehen auffordern. Auch hier verlangen wir mit der Zeit, daß der Hund sicher sitzenbleibt, bis wir ihm das Hörzeichen zum Weitergehen geben. Bei jeder Straßenüberquerung empfiehlt es sich, den Hund auf dem gegenüberliegenden Gehsteig nochmals sitzen zu lassen, dies ohne die Richtung zu ändern, also mit dem Rücken gegen die Straße. Dadurch merkt der Hund bald, daß wir beim Überqueren stets einen Zielpunkt ansteuern, wo er nochmals zu sitzen hat. Er rennt dann später, wenn wir die Straße mit ihm unangeleint überqueren, nicht gleich los, sondern bleibt bis zum anderen Trottoir unter unserer Kontrolle.

Vor dem Besteigen des Wagens gehen wir genauso vor, und dasselbe tun wir auch mit Vorteil vor der ersten Stufe einer Treppe, die wir hinauf- oder hinuntergehen möchten. Vergessen wir nicht, daß unser Rottweiler nicht nur kräftig und temperamentvoll ist, sondern auch an Gewicht zunimmt. Wir müssen ihn jetzt daran gewöhnen, sich unter Kontrolle halten zu lassen, solange wir selbst noch stark genug sind, um auf ihn einzuwirken. Einen erwachsenen Rottweiler an ein so angenehmes Verhalten zu gewöhnen, könnte zur Schwerarbeit werden, die dann nur noch ein Spezialist auszuführen in der Lage wäre.

Mit dem hier beschriebenen Vorgang des Sich-Setzens erreichen wir überall dort seine Aufmerksamkeit und die entsprechende Grundstimmung, wo es gilt, ihn merken zu lassen, daß er sich an unserer Seite zu halten und unsere Hörzeichen zu befolgen hat. Bei konsequenter Ausführung unsererseits geht dies dem jungen Hund gleichsam in Fleisch und

Blut über. Und all das spielt sich ruhig ab, wir werden nicht wie jene Dilettanten in Hundehaltung Befehle brüllen müssen, die der Hund ohnehin nicht verstehen kann.

Spazieren mit dem Junghund

Natürlich werden wir auf unseren Spaziergängen unseren Rottweiler zuweilen sich selbst überlassen. Dies vor allem dann, wenn er mit anderen Hunden in Kontakt kommt oder spielt. Dabei soll er seine Erfahrungen ohne Beeinflussung seitens des Besitzers machen; wir halten uns also zurück. Zuweilen werden wir aber den Hund auch gezielt beschäftigen. Das bedeutet, daß wir uns auf ihn konzentrieren und mit ihm etwas unternehmen. Jedes Gelände bietet uns hierzu Gelegenheit. Da steht beispielsweise am Weg ein Baumstumpf, nicht hoch und für den Hund ohne weiteres zu besteigen. Wir ermuntern ihn nun, auf den Strunk zu klettern, stellen uns vielleicht anfangs selbst hinauf, nehmen den Hund an unsere Seite, bringen ihn zum Sitzen, loben ihn sehr. Schon nach einigen Tagen wird der Hund selbst diesen Strunk ansteuern und bald auch spontan hinaufgehen. Ist er im Begriff, das zu tun, sagen wir freundlich „Geh rauf!"; dieses Hörzeichen wird der Hund sehr schnell mit der „Aktion Baumstrunk" verknüpfen. Etwas schwieriger wird es sein, den Hund daran zu gewöhnen, auf dem Baumstumpf zu verharren, bis wir ihn wieder zum Herabkommen ermuntern. Dazu müssen wir den Hund beruhigen und auf dem Strunk zum Sitzen bringen, dann uns etwas von ihm entfernen, beginnend mit einer halben Schrittlänge, und ihn zum Verharren auffordern. Um nun dazu in der Lage zu sein, bauen wir an einer anderen Stelle unseres Spazierweges, wo keine Ablenkungen zu erwarten sind, eine erste Ausbildungsübung ein.

Die Bleib-Übung

Mit dieser Übung wird nicht nur der Hund erzogen, sondern sie vermittelt zudem dem Hundehalter jene Kenntnisse, die er benötigt, um sich mit seinem Hund verständigen zu können. Geben wir nämlich dem Hund die Chance zu merken, was wir von ihm wünschen, tut er es aus innerem Bedürfnis heraus gern. Er ist kein Widersacher, den wir zum Gehorsam zwingen müssen, sondern unser zwar andersartiger, aber doch auf seine Weise hochbegabter Partner, der sich uns freudig anpaßt. Er ist zudem gut lernfähig, wenn wir uns so verhalten, daß seine Auffassungsgabe nicht überfordert wird. Alle diese recht kompliziert klingenden Dinge lassen sich nun für uns und den Hund in der einfach durchzuführenden Bleib-Übung darstellen und erkennen. Der vom Hund geleistete Lernprozeß läßt sich dabei gut beobachten. Das macht uns nach einigem konzentriertem Üben (höchstens einmal täglich während fünf Minuten, später etwas länger) sehr sicher im Umgang mit dem Hund. Wir wissen dann, wie wir ihn beeinflussen können, und der Hund wird aufmerksam auf unser Tun und gewöhnt sich daran, die erwünschten Vorgänge auszuführen.

Stufenweise gehen wir wie folgt vor:

1. Wir halten die Leine an ihrem äußersten Ende in der rechten Hand, marschieren mit dem an unserer linken Seite folgenden Hund in gutem Tempo geradeaus, wenden auf einem Punkt rechtsum und marschieren in Gegenrichtung, ohne bis jetzt dem Hund etwas gesagt zu haben, auch ohne uns ihm ständig körperlich zuzuwenden, sondern ganz gymnastisch gelöst. Der Hund wird sehr bald auf unsere konstante Bewegung ansprechen. Folgt er uns jetzt gut an der

Seite, wird er mit der linken Hand kurz getätschelt und mit „Brav Fuß" gelobt. Drängt er nach vorn in die Leine, wiederholen wir wortlos die Wendung, dies stets rechtsum, wodurch sich die Leine vor uns befindet und der Hund so mit unserem ganzen Gewicht mitgenommen wird.

2. Nach einigem Hin- und Hergehen fassen wir erstmals die Leine knapp über dem Halsband mit der linken Hand und heben den Hund – immer noch gehend – etwas an.

3. Jetzt verlangsamen wir unseren Schritt bis zum Anhalten, wobei der Hund unverändert im Halsband angehoben bleibt. Wir übernehmen die Leine in dieser Stellung mit der rechten Hand, um, mit den Fingerspitzen der linken Hand auf die Kruppengegend tippend, den Hund zum Sitzen zu veranlassen. Tut er dies, entlasten wir nach einer kleinen Pause die angehobene Leine sachte, bis der Hals des Hundes nicht mehr belastet ist und die Leine wieder durchhängt. Und wir sagen während des Entlastens freundlich und gedehnt „Siiitz!". Nach einer Pause tätscheln wir den Hund kurz am Kopf (linke Hand), indem wir „Brav sitz" sagen.

Bis dahin ging es um eine Geh- und Sitzübung, die jedoch der Bleib-Übung stets vorausgehen sollte.

4. Jetzt halten wir dem Hund die Handfläche der linken Hand vor den Kopf (mit geschlossenen Fingern), dies genauso lange, wie unser gleichzeitiges „Bleib!" ertönt (nicht im Befehlston, sondern freundlich-gedehnt gesprochen). Dann nehmen wir die Hand zurück. Außer diesem Handzeichen haben wir gar keine Bewegung gemacht, uns weder vorge-

beugt, noch uns dem Hund zugewendet.

5. Nach einer Pause von etwa einer Sekunde treten wir nun – die Leine immer noch am äußersten Ende haltend – vor den Hund. Dies nicht zögernd, sondern mit zwei, drei entschlossenen Schritten. *Bleibt der Hund sitzend zurück,* bekräftigen wir sein Verhalten nun von vorn mit einem „Brav bleib!", wobei wir ihm gleichzeitig die Handfläche entgegenhalten (linke Hand) und wieder zurücknehmen bei ausklingendem Hörzeichen.

Verläßt der Hund die Sitzstellung, so ist dies für uns kein Grund zum Ärgern, sondern wir freuen uns darüber, daß er uns Gelegenheit dazu gibt, ruhig (affektlos) „Nein!" zu sagen. Denn dieses „Nein" ist ein wichtiges Hilfsmittel zur gegenseitigen Verständigung zwischen Besitzer und Hund. Es wird nämlich dem Hund bald zum Zeichen dafür, daß er etwas im Moment nicht Erwünschtes getan hat, worauf immer eine ruhige Korrektur erfolgen wird, die er dann auch erwartet. Dieses „Nein" dient uns später dazu, den Hund zu bremsen und auf uns aufmerksam zu machen, wobei er dann auch vorzüglich ansprechbar für die erfolgende Korrektur sein wird. Diese besteht im Falle der Bleib-Übung stets darin, daß wir den Hund genau am selben Platz wie zuvor zum Sitzen bringen, dies auch in genau gleicher Weise wie zuvor, und die Bleib-Übung von vorn beginnen.

6. Es ist durchaus möglich, daß der Hund uns beim Vortreten nach dem „Bleib!" einige Male nachfolgt, in Ausnahmefällen über zehnmal und mehr. Auch kann sich uns ein Hund dabei ausweichend

Abb. 10 a–f. Die Bleib-Übung. (Alle Fotos: U. Ochsenbein)
a) Mit dem Hörzeichen „Bleib!" wird die Handfläche kurz vorgehalten. Der Hund nimmt dies wahr, auch wenn er nicht hinzublicken scheint. Nach einer Pause von einer Sekunde tritt der Besitzer entschlossen vor den Hund. Kommt der Hund mit, ertönt das ruhig gesprochene „Nein!", und der Hund wird erneut zum Sitzen gebracht. Die Übung beginnt von vorn.
b) Zur Bestärkung des sitzengebliebenen Hundes gibt man unter kurzem Vorhalten der Handfläche das Hörzeichen „Brav bleib!".
c) Ohne den Hund anzublicken, wartet man anfangs nur etwa fünf Sekunden vor der Weiterarbeit. Später dehnt man das Warten aus, es kann dann auch fünf Minuten dauern, und man kann dazu auf einer Bank Platz nehmen.
d) Vor dem Zurücktreten gibt man nochmals das Hörzeichen „Bleib!" unter kurzem Vorhalten der Handfläche, macht daraufhin eine kleine Pause und begibt sich wieder an die Seite des Hundes.
e) Das Lob erfolgt erst, nachdem man eine Weile entspannt neben dem Hund gestanden hat.
f) Nach dem Lob erhebt man sich und steht mindestens zwei Sekunden entspannt neben dem Hund. Dies ist die Schlußposition. Wann immer der Hund zuvor die Sitzstellung verlassen hat, ertönt unser „Nein!", und die Übung wird ganz von vorn wiederholt. Ohne den Standort noch zu verlassen, leinen wir den Hund aus der Schlußposition ab und geben ihn frei, oder wir führen ihn unter „Komm!" weiter.

oder blockierend entgegenstellen. Das würde besagen, daß dieser Hund noch nicht richtig eingeordnet ist. Man darf sich darüber freuen, daß uns gerade diese Übung – richtig durchgeführt – Gelegenheit gibt, dies nachzuholen. Voraussetzung für den Erfolg ist unser ruhiges und exaktes Handeln. Ist also der Hund von Anfang an oder nach Wiederholungen der Bleib-Übung sitzengeblieben, als wir vor ihn traten, und haben wir unser bekräftigendes „Brav bleib!", verbunden mit dem Handzeichen, gegeben, bleiben wir eine gewisse Zeitspanne, die zu variieren ist, vor ihm stehen, und zwar entspannt und ohne ihn anzuschauen.

7. Ohne jede andere Bewegung vorzunehmen, halten wir nun dem Hund erneut unsere Handfläche entgegen, begleiten dieses Sichtzeichen mit dem Hörzeichen „Bleib!" und nehmen die Hand sogleich wieder zurück.

8. Nach einer Pause von etwa einer Sekunde, während der wir ganz entspannt (und ohne Trend nach vorn) verharren, treten wir jetzt entschlossen zum Hund zurück, wo wir aufrecht und ruhig eine weitere Sekunde stehenbleiben. Die hier angegebenen Pausen sind wichtig, weil dadurch allein der Vorgang der Auffassungsgabe des Hundes angepaßt ist. Damit wir also die Pausen nicht vergessen, gewöhnen wir uns daran, eine Zahl wie „einundzwanzig" zu denken oder leise zu sprechen.

9. Nun loben wir den Hund mit der linken Hand tätschelnd und mit „Brav bleib!". Man muß dieses Lob gut dosieren, damit der Hund seine Sitzstellung nicht verläßt, weil er meint, die Übung sei beendet.

10. Erst wenn der Hund auch nach dem Lob noch sitzt und auch sitzenbleibt, während wir nochmals eine Weile entspannt und aufgerichtet neben ihm verweilen, ist die Bleib-Übung beendet. Entweder gehen wir, den Hund an der Leine, weiter, nachdem wir ihm „Fuß!" gesagt haben, oder wir leinen ihn ab und ermuntern ihn mit „Geh frei!", sich von uns zu entfernen.

Auch wenn der Hund im allerletzten Teil der Bleib-Übung die Sitzstellung verlassen hat, beginnen wir die ganze Übung von vorn. Es gibt demnach während der Bleib-Übung keine andere Korrektur als den totalen Neubeginn. Dadurch werden die Handlungsteile der Übung für den Hund dermaßen verkettet zu einer Handlungsfolge, daß er die Übung schließlich mit großer Sicherheit durchführt. Gleichzeitig haben wir gelernt, völlig gelassen zu bleiben, wenn der Hund unerwünscht reagiert, und uns auf das genaue Durchführen der Korrektur zu konzentrieren. Damit ist eigentlich auch das genau umschrieben, was man in der Hundeerziehung Konsequenz nennt.

Gehen wir nun in Gedanken zurück zu unserem Baumstrunk, wo wir den Hund zum Hinaufsteigen und Verbleiben ermuntert haben. Hier werden wir nach dem Erarbeiten der Bleib-Übung etwas anders vorgehen, nämlich den Hund vor dem Strunk an unserer Seite zum Sitzen bringen, dann „Bleib!" sagen und seitlich vortreten, also nicht ganz vor den Hund zu stehen kommen. Jetzt können wir aus dieser Stellung den Hund zum Hinaufsteigen ermuntern, dann mit dem Handzeichen und dem gleichzeitig erfolgten Hörzeichen „Bleib!" den Hund zum Verharren bringen und ihn schließlich

Abb. 11 a–d. Überqueren einer Straße. (Alle Fotos: U. Ochsenbein)
a) Vor dem Randstein bringt man den Junghund sanft, aber doch bestimmt, zum Sitzen. Dann wartet man einige Sekunden, läßt auch etwa einige Autos vorbeifahren.
b) Jetzt beginnt man unter „Komm!", die Straße zu überqueren.
c) Auf dem gegenüberliegenden Trottoir angelangt, wird der Hund erneut zum Sitzen gebracht (das Anheben vorn und die Hilfe hinten sind hier gut erkennbar).
d) Erst nachdem man sich erhoben und eine Weile gewartet hat, erfolgt das Lob, wobei der Hund sitzenbleibt. Erhebt er sich, wird er erneut zum Sitzen veranlaßt und nach einer Pause gelobt. Nach dem Lob steht man eine Weile aufgerichtet und entspannt neben dem Hund. Ohne das Einschalten all dieser Pausen ist es für den Hund schwer, die Vorgänge in ihrem Ablauf aufzunehmen.

nach mehr oder weniger langer Wartezeit abrufen. Dieselbe Übung können und sollen wir auch auf andere Situationen übertragen, wo sich eine Erhöhung, etwa ein Felsen oder ein Erdhügel, befindet. Bald wird sich der Hund nach unserem Hörzeichen „Geh rauf!" nach einer Möglichkeit umsehen, wo er hinaufgehen kann. Damit ist es nun gelungen, uns mit dem Hund zu verständigen, und das bedeutet, daß nicht nur der Hund, sondern auch wir viel gelernt haben. Das ist wichtig, weil die Verständigung zwischen Mensch und Hund nur vom menschlichen Partner aufgebaut werden kann.

Das Abrufen (Herbeikommen auf Ruf)

Um im Bereich des Herbeirufens mit unserem Hund erfolgreich zu sein, benötigen wir ebenfalls etwas Konzentration und ein klares Konzept des Vorgehens. Wie bei der Bleib-Übung deutlich wurde, sollten wir eine sich immer gleichbleibende Reihe von Handlungen zu einem Handlungsablauf verketten. Und dieser Handlungsablauf beginnt stets ganz vorn, und er endet ganz am Schluß mit dem letzten Glied der Kette. Achten wir auf diese Ganzheit des Vorganges, dann wird er für den Hund sozusagen zum Ritual, und er kann am Ende gar nicht anders, als dieses zu erfüllen. Man sagt dann, er gehorcht. Aber es ist dies mehr als nur gehorchen, denn er tut es aus einem inneren Bedürfnis heraus, was bedeutet, daß er es gern tut. Bevor wir die Technik des Abrufens am Modell der Abrufübung darstellen, wie sie auf jedem Spaziergang einzubauen ist, seien die wichtigsten Regeln für das Verhalten des Besitzers auf einem Spaziergang angeführt. Gerade hier haben wir Gelegenheit, uns selbst an stets gleichbleibendes, das heißt konsequentes Vorgehen zu gewöhnen.

1. Beim Spazieren sollte man nur dann rufen, wenn man wirklich vorhat, den Hund an seiner linken Seite in Sitzstellung zu bringen. Ruft man ihn ohne dieses bestimmte Ziel, nur weil man das Gefühl hat, er sei etwas weit weg, oder er könnte sich in einen Gefahrenbereich begeben, und nimmt man ihn dann doch nicht ganz herbei, wird der Hund den Ruf sehr bald zu ignorieren beginnen.

2. Das Hörzeichen, das zum Herbeirufen verwendet wird, kann zum Beispiel „Komm!" heißen. Es kann auch mit dem Namen des Hundes verbunden werden, nämlich dann, wenn man mit dem Namen die Aufmerksamkeit des abgelenkten Hundes auf sich ziehen will, bevor man ihn abruft. Den Namen des Hundes allein als Ruf-Hör-Zeichen zu verwenden, ist nicht zu empfehlen.

3. Das Hörzeichen „Komm!" ist stets nur einmal zu geben, nur im äußersten Notfall zweimal. Bevor man es gibt, bleibt man stehen und wartet an dieser Stelle, bis der Hund an unserer linken Seite sitzt.

Abb. 12 a–d. Ein- und Aussteigen beim Auto. (Alle Fotos: U. Ochsenbein)
a) Der Hund wird vor der Wagentür zum Sitzen gebracht.
b) Jetzt öffnet man die Tür. Bleibt der Hund nicht sitzen, schließt man die Tür unter „Nein!" erneut und beginnt die Übung von vorn.
c) Nach einer Pause fordert man den Hund mit „Geh rein!" und einem klaren Arm- und Handzeichen zum Besteigen des Wagens auf. Will er nicht rein, hebt man ihn wortlos in den Wagen.
d) Mit „Brav bleib!" kann man jetzt den Hund loben. Das gleiche Bild zeigt, wie man beim Aussteigen vom Hund verlangt, auch nach dem Öffnen der Tür noch im Wagen zu verharren, bis man ihn mit „Komm raus!" zu dessen Verlassen auffordert und neben sich zum Sitzen bringt. Dann erst wird die Tür geschlossen.

4. Kommt der Hund auf einmaliges Hörzeichen nicht herbei, entfernen wir uns entschlossen in eine bestimmte Richtung. Bietet sich dazu Gelegenheit, verstecken wir uns auch, indem wir hinter einen Baum, einen Busch, eine Mauer treten und dort stumm den Hund erwarten. Er wird uns sehr beunruhigt zu suchen beginnen und daraufhin bald den Ruf ernster nehmen, nämlich sozusagen als die Mitteilung: „Paß auf, ich gehe weg." Dann kommt er eben auch.

5. Rufen wir mehrmals, empfindet der Hund dies nicht mehr als Aufforderung herbeizukommen, sondern als fortlaufende Meldung, daß der Meister in der Nähe ist. Warum sollte er da herbeikommen?

6. Den noch sehr jungen Hund rufen wir, wenn möglich, nur dann, wenn er ohnehin schon herbeikommt. Dann verknüpft sich unser Ruf „Komm!" von Anfang an mit der entsprechenden Handlung. Zum Herbeikommen regen wir den Hund durch auffälliges, bewegungsbetontes Wegrennen an, empfangen ihn dann lobend, bringen ihn sanft, aber bestimmt an unserer linken Seite in Sitzstellung, richten uns auf und loben ihn nach kurzer Pause erneut.

Dieses Vorgehen ist schon Teil der Abrufübung, die im Folgenden erklärt wird. Zuvor jedoch noch einmal das Wesentliche des Abrufens auf dem Spaziergang in Stichworten:

- Nur rufen, wenn man den Hund wirklich bei sich haben will;
- anhalten und einmal das Hörzeichen „Komm!" geben;
- kommt der Hund, ihn stets zur linken Seite nehmen, sitzen lassen, loben und dann entweder anleinen oder wieder frei laufen lassen;
- kommt der Hund nicht, sich wortlos entfernen, eventuell verstecken;
- Fehler: Hund gehend rufen, und wenn er herbeikommt, nicht auf dem Zu-Ende-Führen des Abrufrituals bestehen, sondern einfach (z.B. im Gespräch mit anderen Leuten) weitergehen;
- ist der Hund einmal so abgelenkt, daß er ganz einfach nicht kommen kann (Spiel, Mäuse, läufige Hündin etc.), dann den Ruf nicht repetieren, sondern den Hund selber abholen, wobei man ihn auch mit einem Leckerbissen auf sich aufmerksam machen kann. Weder Rüge noch Lob erteilen.

Beim sehr jungen Hund benötigen wir für die Abrufübung eine Hilfsperson, ebenfalls beim erwachsenen Hund, sofern er nicht sicher bleibt. Irgend jemand muß ihn festhalten, während wir uns entfernen. Beim Hund, der die Bleib-Übung sicher beherrscht, können wir allein arbeiten.

1. Wir wählen in unserem Spaziergebiet eine Strecke, die an sich schon kanalisierend wirkt. Also ein seitlich begrenztes Wegstück, ein Waldsträßchen, eine kleine Geländeschneise oder ähnliches.

2. Der Hund bleibt – zurückgehalten oder frei sitzend – nach dem Hörzeichen „Bleib!" zurück, während wir uns wortlos wegbegeben, in 15 bis 20 m Distanz stehenbleiben und uns dem Hund zuwenden. Entspannt bleiben wir so während etwa 20 Sekunden stehen, ohne jede Bewegung.

3. Jetzt sagen wir ruhig (und bewegungslos) „Komm!", worauf der Helfer den Hund freigibt bzw. der frei sitzende Hund herankommt. Er ist durch unser ruhiges Verbleiben in Spannung geraten und nähert sich meist rasch.

4. Wir bleiben weiterhin bewegungslos-ent-

spannt und wortlos stehen und beobachten aus dem Augenwinkel, wohin sich der Hund begibt. Er rennt vielleicht an uns vorbei, kommt aber um so sicherer zurück, je unveränderter wir stehenbleiben.

5. Ist der Hund nahe genug, ergreifen wir ihn (immer noch ohne zu sprechen) am Halsband und bringen ihn sanft, aber bestimmt an unserer linken Seite zum Sitzen. Dann richten wir uns auf, bleiben eine Sekunde entspannt stehen, ohne den Hund anzublicken oder uns ihm zuzuwenden, und sagen „Brav komm". Jetzt erst wird er getätschelt und gelobt, soll aber in Sitzstellung verbleiben. Tut er dies nicht, wird er wie beim früher erklärten Setzen behandelt.

6. Jetzt erst nehmen wir die Leine, die wir um die Schultern gehängt oder in der Tasche trugen, damit unsere Hände frei sind, und haken den Karabiner ein. Später können wir den Hund aus dieser Situation auch wegschicken, indem wir ein entsprechendes Hörzeichen – etwa „Geh frei!" – sprechen, aber selbst noch am Standort verweilen, bis der Hund wegläuft. Am Anfang muß man ihm oft mit einem Schubs helfen, später wird er aufmerksam unser Hörzeichen erwarten und dann spontan wegrennen.

7. Haben wir ihn angeleint, sagen wir vor dem ersten Schritt des Weitergehens ein Hörzeichen wie „Fuß!". Tun wir dies nicht, wird unser erster Schritt für den Hund zum Sichtzeichen für das Weitergehen mit dem Meister, und es kann sich dadurch bei der Bleib-Übung ein Mißverständnis ergeben, weil wir dort nach dem „Bleib!" auch wortlos vortreten. Auf solchen kleinen Unachtsamkeiten unsererseits beruht sehr oft ein unerwartetes Versagen des Hundes.

Exaktheit ist unerläßlich

Wir haben nun einmal mehr einen scheinbar einfachen Vorgang, nämlich das Abrufen, in allen Einzelheiten des Aufbaus und der Anwendung beschrieben. Wer dies zu kompliziert finden sollte, vergißt, daß durch die Genauigkeit und Gleichförmigkeit unserer Handlungsvorgänge das Lernvermögen des Hundes nicht überfordert, sondern angesprochen wird. Das heißt, wir geben damit dem Hund die Chance, überhaupt zu merken, was wir von ihm wünschen. Und gerade dadurch fühlt er sich uns in verstärktem Maße verbunden. Im Grunde beinhaltet diese Art des Vorgehens das, was in allen Hundebüchern als das A und O der Hundeerziehung gepriesen wird, nämlich die beiden Begriffe „Konsequenz" und „Geduld". In diesem Bereich erwächst dem Hund die Möglichkeit, sich an eine bestimmte, von uns angestrebte Handlungskette zu gewöhnen, bis ihm die erwünschten Vorgänge zum inneren Bedürfnis werden und er sie gerne ausführt. Dieses Vorgehen erfordert von uns einige Mühe, weil wir uns ja innerlich vorbereiten müssen, um exakt handeln zu können. Dann aber sind wir tatsächlich in der Lage, mit etwas Konzentration und Zuwendung unseren Hund ganz allein auf dem täglichen Spaziergang und ohne Mehraufwand an Zeit dazu zu bringen, daß er sich sicher herbeirufen läßt und daß er sicher bleibt, wenn wir es verlangen. Hinzu kommt, daß wir durch unser exaktes Vorgehen den Hund nicht verunsichert haben, sondern im Gegenteil ihn im Umgang mit uns haben sicher und vertrauensvoll werden lassen. Auf dieser Basis des gegenseitigen Vertrauens ist auch eine weitergehende gemeinsame Ausbildung sehr gut möglich. Freilich kommt hinzu, daß wir auch in der Lage sind, den Hund von jenen Dingen abzuhalten, die er zu meiden hat, und zwar im Hause wie auf dem Spaziergang. Wir haben schon damit begonnen, als der Hund wenige Tage bei uns war. Doch nun, da er zum Junghund herangereift ist, sollten wir uns erneut damit beschäftigen.

Tabus setzen

Ein Hund fühlt sich nicht geborgen, wenn man ihm alles durchgehen läßt, sondern dann, wenn er merkt, was er tun darf und was nicht. Man wird ihm somit einerseits Freiraum gewähren, andererseits Tabus setzen. Als Beispiel: Er soll die Küche nicht betreten dürfen. Wie man dies verhindert und ein nachhaltig wirksames Tabu setzt, wurde bereits in dem Kapitel „Die ersten vierzehn Tage" beschrieben. Es geht darum, den Kleinen dann mit einem kräftigen Schubs von der Schwelle zurückzubefördern, wenn er zum Überqueren derselben ansetzt. Dabei spielt diese Schwelle eine wichtige Rolle, da Hunde grundsätzlich auf optisch erkennbare Grenzen ansprechen. Sie neigen auch dazu, gut sichtbare Grenzlinien, wie etwa einen Feldrand, als Leitlinien anzunehmen und ihnen zu folgen. Die Sitzübung am Randstein ist ebenfalls aus diesem Grunde so wirksam, löst doch die Gehsteigkante bald einmal das Sich-Setzen des Hundes wie automatisch aus. Es hängt nur von unserer diesbezüglichen Konsequenz der Ausführung ab, wie bald und wie nachhaltig der Hund hier erwünscht reagiert.

Mit derselben Ruhe und Gelassenheit, mit der wir ihm das Betreten eines verbotenen Raumes verwehren, sollten wir unseren Hund auch vom Besteigen unseres besten Sofas abhalten. Jede Einwirkung macht dann am meisten Eindruck auf den Hund (ohne ihn zu verunsichern), wenn wir dabei ohne jede innere Erregung bleiben. Jedesmal, wenn wir dem Hund gegenüber im Affekt handeln, schädigen wir das gute Einvernehmen mit unserem Hund. Affektlos einzuwirken hat überdies den Vorteil, daß der Hund unser Handeln nicht mit unserer Person in Verbindung bringt, sondern mit dem Objekt, das er angestrebt hat. Dies läßt sich am besten an einem weiteren Tabu darstellen, nämlich an jenem, das zu setzen ist, damit unser Rottweiler nicht irgendwelche eßbaren Dinge stibitzt. Angenommen, die Einkaufstasche wurde am Boden abgestellt, und die Nase des Hundes nähert sich nun den zuoberst liegenden Würstchen, die verführerisch riechen. Wirken wir genau in diesem Augenblick massiv ein, mit einem Klaps oder indem wir etwas hinwerfen, einen scheppernden Pfannendeckel zum Beispiel, dann verknüpft sich im Hund das unerwartete und ihn erschreckende Ereignis mit dem Objekt, dem Würstchenpaket. Bei der nächsten ähnlichen Gelegenheit wird er sich angesichts der Würstchen sogleich auch des unangenehmen Vorfalles erinnern und von seinem Vorhaben absehen.

So ungefähr sollten wir auch vorgehen, wenn der sehr junge Hund mit seinen spitzen Milchzähnchen nach uns faßt. Unter dem Titel „Zugreifen mit dem Fang" habe ich dies bereits beschrieben. Genügt nun aber bei älter werdenden Hunden unser Wehlaut nicht mehr, um ihn vom allzufesten Zufassen abzuhalten, geben wir ihm in aller Gelassenheit einen Klaps an den sehr harten und wenig empfindlichen Hundeschädel. In Hundebüchern wird oft behauptet, man solle niemals mit der bloßen Hand einwirken; es wird von zusammengerollten Zeitungen und ähnlichen Hilfsmitteln gesprochen. Diese sind aber leider nur selten zur Hand, wenn der richtige Moment des Einwirkens gekommen ist. Entweder tun wir jetzt das Unerläßliche mit der bloßen Hand, oder wir sehen von der Einwirkung ab. Wir können ruhig das erste tun, denn die Erfahrung bestätigt, daß kein Hund handscheu wird, wenn der Klaps im richtigen Moment erfolgt. Normalerweise wird der Hund nun vorsichtiger werden im Fassen, und damit haben wir unser Ziel erreicht. Haben wir dem Hund genügend verschiedene und ihn interessierende Spielobjekte vorgelegt, die er nach Lust und Laune auch zerstören darf, wird er die zu schonenden Objekte eher sein lassen. Mit Schuhen, die man eben ausgezogen hat, muß man jedoch besonders aufpassen, sie riechen so wunderschön nach unserem Körper. Also stellen wir sie dorthin, wo der Hund sie nicht erreichen kann. Dasselbe ist zu empfehlen mit allen anderen Dingen, die auf den Hund einen besonderen Reiz ausüben.

Ablenkungsmanöver

Etwas vom Schwierigsten ist es, einen jungen Hund, der leicht und oft Laut gibt, vom andauernden Bellen abzuhalten. Am besten lenken wir ihn ab, bringen ihn etwa mit einem Lekkerbissen oder mit seinem liebsten Spielzeug in eine andere Stimmung. Gerade hierbei würde sich Schelte oder ein Beruhigungsversuch nicht eignen, weil dabei fast immer unsere innere Nervosität und Unsicherheit ein wenig mitschwingt, was vom Hund sofort bemerkt wird. Und so wird er sein Bellen noch verstärken.

Das Bellen und Heulen eines jungen Hundes, der allein gelassen wird, ist noch schwieriger zu beheben, wenn er erst einmal damit angefangen hat. Wir sollten also mit dem Alleinlassen vorsichtig-abwartend umgehen. Hat sich der Hund bei uns gut eingelebt, fühlt er sich auch sicherer in der Wohnung, und unsere Abwesenheit bedrückt ihn weniger. Manchmal hilft ihm auch das Laufenlassen des Radios, ruhig zu bleiben. Sicher wirkt es auch ablenkend, wenn wir dem Hund einen größeren Knochen überlassen, bevor wir weggehen. Auf keinen Fall darf das Weggehen zögernd geschehen, weil der Hund auch dies sofort merkt und unruhig wird. Aber man wird mit kurzem Wegsein beginnen und die Dauer der Abwesenheit langsam steigern. Kommen wir trotzdem nicht zum Ziel, haben wir es leider mit einem Hund zu tun, der in seinen ersten zwölf Lebenswochen mangels belebtem Umfeld zu wenig sicher werden konnte, und wir müssen uns mit Geduld wappnen.

Hat der Hund Angst vor bestimmten Geräuschen, können wir ihm meist auch mit einem Ablenkungsmanöver am besten helfen. Ein Leckerbissen kann hier Wunder wirken. Bei Knalleffekten wie Feuerwerk können wir den erwachsenen Hund durch geschicktes Zureden, etwa mit „Paß auf!", von der Angst zur Aggression bringen. Beginnt er nämlich zu bellen, fühlt er sich schon stärker und wird sich dann auch rascher wieder beruhigen.

Wenn Besuch kommt

Ein wesensfester Hund, der zudem als Welpe genügend Kontakte zu Personen genossen hat, wird jedem Besucher freundlich und zutraulich begegnen. Wir haben höchstens dann Probleme, wenn er unsere Gäste allzu stürmisch begrüßt. Zeigt ein Hund jedoch gegenüber Besuchern eher Zurückhaltung, sollten wir ihn nicht forcieren. Wir werden unsere Gäste bitten, den Hund vorerst zu ignorieren und sich ihm erst dann mit Worten und Streicheln zuzuwenden, wenn er selbst bei ihnen Kontakt sucht. Reagiert ein Hund sehr unsicher gegenüber Besuchern, was stets eine Folge umweltarmer Aufzucht ist, dürfen wir nicht den Fehler begehen, uns selber unsicher zu verhalten. Das überträgt sich sogleich auf den Hund. Beim Rottweiler, der in der Regel ein ausgeprägtes Schutzverhalten zeigt, könnte sich gerade durch unser unklares Verhalten die Aggression steigern. Also werden wir uns entschließen müssen, ob wir mit unseren Besuchern das Experiment wagen und den Hund im Zimmer belassen wollen, ohne ihn zu beeinflussen, oder ob wir ihn lieber ganz aus dem Raum bringen. Einen Hund angesichts der ihn beunruhigenden Personen am Halsband oder an der Leine zurückzuhalten, kommt dagegen einer gezielten Förderung seines aggressiven Verhaltens gleich. Dasselbe gilt – wie wir noch sehen werden – bei der Begegnung unseres Hundes mit Artgenossen.

Grunderziehung und Pubertät

Haben wir unseren Rottweiler mit acht bis zwölf Wochen übernommen und vernünftig in unserer Familie integriert und zudem seine Grunderziehung gefördert, dann besitzen wir einen schon recht folgsamen und angenehm zu haltenden Hund, der uns in mancher Hinsicht gut zu verstehen scheint.

Dies alles kann sich mit eintretender Pubertät, also etwa vom sechsten bis siebten Monat an, vorübergehend stark ändern. Dieser Prozeß, der den Hund geschlechtsreif werden läßt, belastet das Tier genauso, wie es den Menschen belastet, wenn er vom Kind zum jungen Erwachsenen wird.

Hat der Hund zuvor bestimmte Dinge auf unsere Hör- und Sichtzeichen hin sicher ausgeführt, kann er nun plötzlich überhaupt nicht mehr auf uns ansprechen und gar nichts oder das Falsche tun. Wenn wir jetzt meinen, uns durchsetzen zu müssen, weil doch der Hund den betreffenden Vorgang kenne und genau wisse, was er zu tun habe, machen wir einen grundlegenden Fehler. Ein Hund „weiß" im menschlichen Sinne nie genau, was er zu tun hat. Diese Bewußtseinsstufe erreicht er nicht. Wir können ihn nur daran gewöhnen, bestimmte Dinge auf bestimmte Hör- und Sichtzeichen hin zu tun. Voraussetzung ist dabei, daß unsere Zeichen ihn in jene Stimmung versetzen, die ihn zum erwünschten Tun veranlaßt. Und eben das ist während der Reifezeit oft nicht mehr möglich, weil sein ganzes Empfinden von den inneren Vorgängen einer Wandlung belastet wird.

Wir tun also gut daran, uns geduldig und ruhig zu geben, um damit unserem Rottweiler Sicherheit zu verleihen und ihm diese nicht durch falsch angewandte Konsequenz und Starrköpfigkeit zu nehmen. Was wir bis zur Pubertät erreicht haben, ist keineswegs verloren. Wir werden bald wieder auf dieser Basis weiterbauen können.

Die Ernährung des Rottweilers

Bei der Übernahme des Welpen haben wir den Futterplan vom Züchter übernommen und unserem Rottweiler dreimal täglich zu fressen gegeben. Dies führen wir so lange durch, bis uns der Hund selbst zu verstehen gibt, daß ihm nun zweimaliges Füttern genügt. Das kann früher oder später eintreten; jeder Hund hat da seine Eigenheiten. Es wäre auch nicht verkehrt, wenn wir dem erwachsenen Hund noch zweimal täglich sein Futter vorsetzen; damit wird sein Magen nicht allzusehr belastet, und man beugt so einer Magendrehung vor (s.a. S. 51), die ja bei allen mittleren und größeren Rassen, also auch beim Rottweiler, leider vorkommt. Normalerweise geht man aber irgendwann zur einmaligen Fütterung über. Bei Kursen von Gebrauchs- und Diensthunden ist dies die Regel. Was wir unserem Hund zu fressen geben, hängt zunächst einmal von der Empfehlung des Züchters ab. Fühlt sich der Hund dabei wohl, munter und gesund, besteht kein Grund, davon abzuweichen. Der Hund ist nicht auf Abwechslung erpicht, und die meisten erhältlichen Fertigfutter enthalten alles, was der Hund braucht. Hingegen möchte ich von jener dehydrierten Trockennahrung abraten, die den Hund zwingt, sich die nötige Flüssigkeit selbst in Form von Wasser zuzuführen (hohe Nierenbelastung). Auch Flockennahrung mit beigegebenen, stark mit Konservierungsmitteln versehenen, kleinen Fleischbrocken, die als „Vollnahrung" angeboten wird, sollte nicht ausschließlich Verwendung finden. Diese Konservierungsmittel belasten die Stoffwechselorgane stark. Besser ist es, dem Hund eine fleischlose Flockenmischung anzubieten und dazu abwechselnd etwas Frischfleisch (nach Möglichkeit kein rohes Schweinefleisch – Gefahr der tödlichen *Aujeszkyschen Krankheit*) und Büchsenfleisch zu geben. Dadurch wird der Hund an beides gewöhnt, und wir haben in den Ferien, wo uns vielleicht nur das eine oder andere zur Verfügung steht, keine Verdauungsprobleme mit dem Hund. Auch Flockennahrung sollte eingeweicht werden. Nach zehn Minuten wird die Flüssigkeit aufgesogen sein, und man kann das Futter vorsetzen. Zusätzlich sollte Frischwasser für den Hund stets erreichbar in einem gesonderten Gefäß bereitstehen. Reagiert unser Hund auf eine bestimmte Flockenmischung mit Hautreiz, und kratzt er sich auffallend oft, empfiehlt es sich, die Flockenart zu wechseln. Nicht jeder Hund verträgt jede Mischung gleich gut.

Die Nahrungsmittelhersteller versehen ihre Produkte mit allen Vitaminen und Spurenelementen, die ein Hund benötigt. Weitere Zugaben wären somit überflüssig. Die Frage ist nur, ob unser Hund in der Lage ist, diese Zugaben in der angebotenen Form aufzunehmen. Es bleibt auch offen, ob nicht im Frischfleisch, das ja die natürliche Hauptnahrung der Hundeartigen darstellt, Substanzen enthalten sind, die einem Fertigfutter nicht beigegeben werden können. Schon aus diesem Grunde empfehle ich das Zufüttern von Frischfleisch, wenn immer sich die Möglichkeit dazu ergibt.

Wieviel ein Hund fressen soll, kann nicht allgemein als Regel formuliert werden, auch dann nicht, wenn wir von seinem Körpergewicht ausgehen. Jeder Hund verhält sich auch in dieser Beziehung anders, die Unterschiede sind dabei recht groß. Der eine kommt mit sehr wenig aus, der andere benötigt beträchtlich mehr. Unser Maßstab sei ganz einfach der Nährzustand, den man beim Rottweiler ja mit bloßem Auge erkennen kann: glänzendes Fell und eine Muskulatur, die sich zumindest im Bewegungszustand noch sichtbar abhebt, sind die Zeichen guter Ernährung; natürlich auch eine allgemeine Lebhaftigkeit und erkennbares Wohlbefinden des Hundes. Magerkeit dagegen, die die Knochen hervortreten läßt, ist ein alarmierendes Zeichen von Unterernährung oder Krankheit, wobei meist auch das Fell stumpf wirkt.

Ob ihm sein Futter bekommt, zeigt uns auch der Kot des Hundes, wobei der erstabgesetzte Kot normalerweise fester ist als die danach abgesetzten Exkremente. Wenn hier der Kot etwas zu weich erscheint oder gar durchfallmäßig dünn, ist dies noch kein Grund zur Besorgnis; wir sollten aber den Hund beim nächsten Kotabsetzen beobachten.

Wichtig für das Versäuberungsverhalten des Hundes ist es, daß wir möglichst regelmäßig zur gleichen Tageszeit füttern. Dann richtet er sich auch zum Kotabsetzen so ein, wie es sich aus unserem normalen Tagesablauf für ihn und uns am besten ergibt. Hunde, die regelmäßig gefüttert und ebenso regelmäßig in ein bestimmtes Spaziergebiet ausgeführt werden, halten ihren Kot in der Regel bis zum täglichen Spaziergang zurück, wobei sie ohne weiteres ein bis zwei Stunden Abweichung verkraften

können. Dies hängt offenbar mit ihrem inneren Bedürfnis, den Kot auch zum Markieren zu verwenden, zusammen.

Wie füttere ich meinen Hund?

1. Wie oft?
Junghunde 2 bis 3 Mal, erwachsene Hunde 1 bis 2 Mal täglich

2. Wann?
Immer zur selben Zeit. Der Hund stellt sich dann auf seine Freßzeit ein, wartet bis dahin geduldig, bettelt nicht.

3. Wo?
Stets am selben Platz und aus dem gleichen (sauberen) Topf. Der Freßplatz soll vor Sonne, Regen und Wind geschützt sein und sich an einem ruhigen, störungsfreien Ort befinden.

4. Was?
Jenes Futter, bei dem er sich offensichtlich wohl befindet. Futter nie zu kalt und nie zu heiß, sondern handwarm vorsetzen.

5. Wieviel?
Futtermenge dem Bedürfnis des Hundes anpassen. Zusätzliche Leckerbissen nur gezielt und nicht nach Laune von Hund oder Herrn geben. Niemals bei Tisch!

6. Wasser?
In einer separaten Schüssel soll frisches Wasser für den Hund stets erreichbar sein.

7. Vorsicht!
Nicht vor Spaziergängen oder Sportleistungen füttern.

Die Pflege des Rottweilers

Die beste Pflege, die wir unserem Rottweiler angedeihen lassen können, ist viel und regelmäßige, ab und zu auch ausgedehnte Bewegung. Natürlich werden wir den ganz jungen Hund nicht überfordern; es besteht aber auch kein Grund, ihn übermäßig zu schonen. Er ist von Natur aus ein Bewegungstier, und dem sollten wir Rechnung tragen.

Grundsätzlich benötigt ein Hund nicht viel Platz zum Wohnen und Verweilen, aber er braucht dringend Beschäftigung und Bewegung; jene Bewegung, die ihm bei Spaziergängen und Wanderungen, aber auch im Spiel mit anderen Hunden zuteil wird. Hier können sich seine Muskeln entwickeln und seine Sehnenbänder und Gelenke stärken. Es ist ein weit verbreiteter

Irrtum, daß sich ein Hund, dem ein umfangreiches Gartengelände zur Verfügung steht, selbst Bewegung verschaffe. Er wird sich auf seine Art beschäftigen, nämlich mangels Zuwendung Beete umgraben, am Zaun entlangrasen und Passanten mit seinem Gebell verfolgen und andere Ersatzhandlungen vornehmen, über die wir mit Sicherheit nicht sehr erfreut sein werden.

Mit dem Junghund sollte man zwei kürzere Spaziergänge täglich machen sowie einen ausgedehnteren Marsch. Möglichst oft sollte er dabei Hunden begegnen und mit ihnen spielen dürfen. Unter eineinhalb Stunden pro Tag unterwegs mit ihm zu sein, ist ganz einfach zu wenig.

Darüber hinaus benötigt der Rottweiler wenig Pflege. Man wird ihn ab und zu bürsten, aber nicht mit einer harten Bürste, da seine Haut unter der Behaarung empfindlich ist. Striegeln, auch mit Kunststoff- oder Gummistriegel, kann zu kleinen Schürfungen führen, die zu flächigen Entzündungen ausarten können. Befindet sich der Rottweiler im Haarwechsel, lassen sich die kurzen Haare am besten mit einem feuchten Lappen oder Hirschleder beseitigen, sowohl vom Hund wie von den Möbeln und Teppichen.

Zu seiner Pflege gehört auch das tägliche Beobachten des Rottweilers, um Unregelmäßigkeiten in der Konstitution oder im Verhalten gleich zu erkennen. Wer sich wirklich mit seinem Hund beschäftigt, und wäre es auch nur zweimal eine halbe Stunde täglich, dem werden Veränderungen in seinem Verhalten nicht entgehen. Es wäre sinnlos, hier eine vollständige Liste der Krankheiten des Hundes abzudrucken. Für den Besitzer ist es jedoch wichtig zu wissen, bei welchen erkennbaren und aus der Norm fallenden Verhaltensweisen er unverzüglich den Tierarzt aufzusuchen hat oder ihn zumindest telefonisch zu Rate ziehen sollte.

Krankheitssymptome

Husten ist für den Hund eine bedeutend schwerwiegendere Belastung als für uns. Wir sollten nicht zu lange warten und den Tierarzt beiziehen.

Trinkt unser Rottweiler *übermäßig* und gierig Wasser, und dies deutlich mehr als sonst, ist ebenfalls sofort der Tierarzt aufzusuchen. Dasselbe gilt, wenn unser Hund plötzlich übermäßig oft und viel *Wasser läßt*. Beide Erscheinungen könnten eine Nieren- oder Blasenentzündung zur Ursache haben, die sofortiger Behandlung bedarf, will man keinen bleibenden Schaden riskieren.

Bei heftigem und nachhaltigem *Durchfall* lassen wir uns auch besser vom Tierarzt beraten, als mit irgendwelchen Medikamenten wertvolle Zeit zu verlieren. Außerdem sollte dem Hund bei Durchfall genügend Flüssigkeit zugeführt werden, wozu sich Schwarztee eignet. Durchfall kann auch wegen Wurmbefall auftreten. Ist der Hund noch jung, empfiehlt es sich, beim geringsten Verdacht dem Veterinär eine Kotprobe zu bringen. Aufs Geratewohl irgendeine Wurmkur versuchsweise durchzuführen, belastet den Hund stark und führt nicht unbedingt zum Erfolg.

Hat der Hund *Fieber* – über 39,3 °C und mehr – sollte man ebenfalls nicht zu lange warten. Es ist besser, zweimal zu früh zum Tierarzt zu gehen als einmal zu spät.

Bei mehrfachen *Insektenstichen,* aber auch bei anderen Vergiftungserscheinungen sollte man sogleich den Tierarzt aufsuchen, damit dieser der schweren Belastung des Organismus entgegenwirken kann.

Hat unser Hund bei einer Rauferei eine *Schramme* abbekommen, so wenden wir reichlich Desinfektionsmittel an. Dies ganz besonders dann, wenn ein aufprallender Eckzahn eines Hundes ein kleines Loch gerissen hat

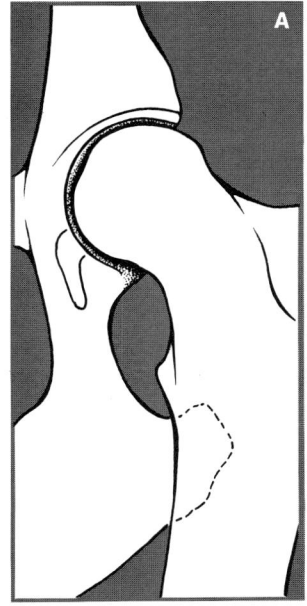 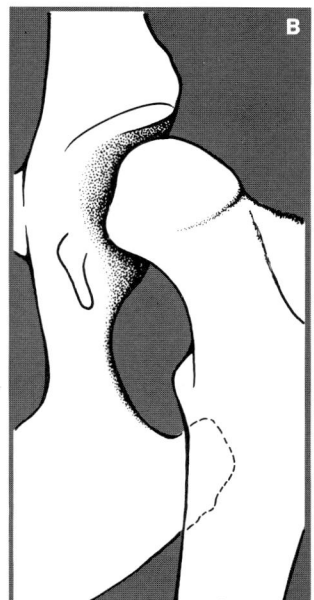 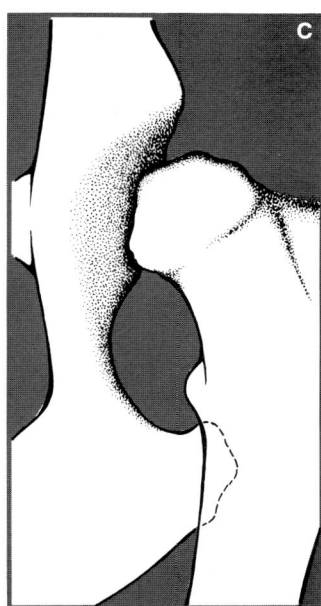

Abb.14 a–c. Hüftgelenksdysplasie. (Zeichnung: R.Benz)
a) Normales Hüftgelenk eines HD-freien Hundes.
b) Leichte bis mittlere HD; deutlich sichtbare Veränderungen an Gelenkpfanne und Oberschenkelkopf.
c) Schwere HD; die stark abgeflachte Gelenkpfanne und der stark veränderte Gelenkkopf rufen schmerzhafte Verrenkungen (Luxationen) hervor.

(was übrigens oft vorkommt), ohne daß ein Zubeißen erfolgte. Es kann dies auch im Spiel entstehen. Hier muß intensiv desinfiziert werden, sonst kann sich noch nach Tagen plötzlich unter der Haut eine Entzündung bilden, die mit dem Skalpell geöffnet werden muß.

Bei schmerzhaften *Wirbelsäulenveränderungen,* bei denen der Hund besonders beim Aufstehen nach längerem Liegen Mühe zeigt oder gar jault, wird eine Röntgenaufnahme Gewißheit bringen. Dasselbe gilt bei spontan auftretenden Schmerzen in den Hüftgelenken. In beiden Fällen, nämlich bei der *Spondylose* und der *Hüftgelenksdysplasie,* kann jedoch ein Hund bis ins Alter beweglich bleiben, wenn man den richtigen Weg zwischen Bewegung und Schonung herausfindet. Auch hier ist es von Bedeutung, daß sich die Muskulatur nicht zurückbildet.

Sehr gefährlich ist für den Hund eine *Magendrehung,* die sich meist in Würgeanfällen äußert, welche jedoch nicht eigentlich zum Erbrechen führen. Nur ein sofortiger operativer Eingriff bringt hier Rettung.

Abb. 15. Ein zwölfjähriger Vertreter seiner Rasse – ein Alter, das nicht jeder Rottweiler erreicht. (Foto: U. Ochsenbein)

Mehr über Hundekrankheiten müssen wir eigentlich nicht wissen. Beschäftigen wir uns wirklich mit unserem Hund, werden wir auffallende Veränderungen bemerken, und die Entscheidung wird uns dann nicht schwerfallen, ob man noch zuwarten kann oder nicht.

Was die *Impfungen* betrifft, welche vorbeugend verabfolgt werden, lassen wir uns vom Tierarzt beraten. Sie werden in einen Internationalen Impfpaß eingetragen, damit uns bei Grenzübergängen keine Schwierigkeiten entstehen.

Der alternde Rottweiler

Erreicht unser Rottweiler ein Alter von acht Jahren, ohne irgendwelche Beschwerden zu haben, dürfen wir zufrieden sein. Wird er in bester Verfassung zehn Jahre alt, dann können wir uns glücklich schätzen. Was darüber ist, ist ein Geschenk des Schicksals, aber es liegt durchaus im Bereich des Möglichen.

Freilich sollten wir bei aller Zuneigung zu unserem Rottweiler nie vergessen, daß auch der liebste und beste Hund ein Tier ist, das wir nicht aus lauter Eigenliebe auch dann noch an uns binden wollen, wenn es merklich Schmerzen leidet. Ein Hund hat keinen Zukunftsbegriff, und wir sollten ihn erlösen, wenn es soweit ist, daß ihm jedes Aufstehen zur Qual wird. Am besten tun wir dies, indem wir selbst ihn zum Tierarzt begleiten, der ihm vertraut ist, wo er keine Beklemmung oder gar Angst empfindet, und wo ihn die Spritze in wenigen Sekunden sanft vom Leben zum Tode bringt. Diesen letzten Dienst sollten wir unserem Rottweiler unbedingt erweisen, er hat ihn verdient.

Der Rottweiler als Wächter und Begleiter

Es ist nicht so, daß wir unseren Rottweiler zum Wächter auszubilden brauchen, er ist dies aus seinem natürlichen Wesen heraus von selbst. Je mehr er sich bei uns wohl und geborgen fühlt, desto ausgeprägter wird er auch sein Schutzverhalten in bezug auf unsere Familie an den Tag legen und das Haus oder die Wohnung sowie den Garten als ein Gebiet betrachten, zu dem nur wir Zugang haben. Er wird also bald anfangen, Eindringlinge zu melden, das heißt, er bellt, wenn eine unbekannte Person sich nähert. Personen, die regelmäßig zu uns kommen, wie etwa der Briefträger, wird er bald akzeptieren. Wir tun aber gut daran, ihn mit solchen Leuten selber in Kontakt zu bringen. Freilich müssen wir Geduld haben, bis der Hund wirklich erwachsen ist, damit er von selbst seine Wächtertalente erkennen läßt. Das geschieht etwa zwischen eineinhalb und zwei Jahren, bei manchen Hunden auch bedeutend früher.

Wer nicht abwarten kann, einen scharfen Wächter zu haben, und deshalb an seinem Rottweiler herumlaboriert, indem er ihn mißtrauisch macht oder machen läßt durch dilettantische Helfer, läuft Gefahr, in Schwierigkeiten zu geraten. Sehr schnell kann uns ein Hund mißverstehen, und wenn es einmal zu einem Unfall kommt, ist guter Rat teuer. Ein nervös und mißtrauisch gemachtes Tier wieder ruhiger und sicherer gegenüber Menschen werden zu lassen, ist nur bedingt möglich. Schlechte Erfahrungen vergißt eben ein Hund nie ganz. Von Experimenten ist also dringend abzuraten, dies gilt ganz besonders in bezug auf den Rottweiler. Es genügt durchaus, wenn wir den Hund loben, sobald er eine unbekannte Person durch Bellen angibt. Handelt es sich dabei um jemanden, der künftig Zutritt haben soll, werden wir ihn mit dem Hund bekannt machen. Dazu können wir der betreffenden Person, die er eben noch verbellt hat, einen Leckerbissen in die Hand geben, den der Hund – von uns ermuntert – annimmt.

Wir müssen aber auch wissen, daß ein Hund um so später eine Person bellend anzeigt, je sicherer er sich in seinem Heimbereich fühlt. Wer mit seinem Hund in einem Ferienhaus oder auf einem Campingplatz weilt, kann das unschwer feststellen. Hier, im weniger vertrauten „Revier", ist er bedeutend wachsamer. Sehr wesenssichere Hunde beobachten zwar hereinkommende Fremdpersonen, aber sie bellen nicht, während innerlich unsichere Hunde viel früher anzeigen. In ungewohnter Umgebung wird aber auch ein wesensfester Hund unsicherer und neigt dann dementsprechend früher zum Bellen.

Das Lautgeben auf Hörzeichen

Der einfachste und sicherste Weg, einen we-sensfesten Hund früher zum Lautgeben zu bringen, als er dies von sich aus tun würde, ist das Bellen auf Hörzeichen hin. Dazu gehört einmal das Loben, sooft er irgendwann und aus irgendeinem Grunde spontan bellt, indem man das Hörzeichen „gib Laut!" in einschmeichelnder Art ertönen läßt. Der eigentliche Lehrvorgang dagegen besteht darin, daß wir den Hund an einer bestimmten Stelle unseres täglichen Spazierganges an verlängerter Leine anbinden und uns dann wortlos entfernen. Nach ungefähr zehn Metern bleiben wir stehen, wenden uns dem Hund zu, warten eine Weile entspannt und bewegungslos. Das bringt den Hund in Spannung. Nun heben wir die Hand etwas an und sagen gleichzeitig in normalem Sprechton „gib Laut!". Sobald der Hund den geringsten Laut von sich gibt, sei es Winseln, sei es schon der Anfang eines Bellens, rennen wir lobend zu ihm zurück und stecken ihm einen Leckerbissen zu. Dann gehen wir wie zuvor erneut auf Distanz und wiederholen die Übung etwa zwei- bis dreimal. Reagiert ein Hund nicht, vergrößern wir die Distanz stufenweise oder treten außer Sichtweite hinter einen Baum oder Strauch. Auch jetzt rennen wir beim leisesten Geräusch sofort lobend zurück.

Dieses Vorgehen bringt uns bei einem wesensfesten Rottweiler vielleicht schon beim erstenmal den erwünschten Erfolg. Es kann aber auch sein, daß gar keine Reaktion erfolgt. Dann wiederholen wir das Ganze einfach beim nächsten Spaziergang an der gleichen Stelle. Ist der Hund soweit, daß er angebunden auf unser Hörzeichen „gib Laut!" (stets nur einmal geben) sicher bellt, haken wir vor dem Weggehen die Leine ab und lassen sie fallen. Der Hund bleibt nun frei stehend oder sitzend zurück. Das ist für ihn eine völlig andere Situation, weil er sich nun untergeordnet fühlt. Das Bellen fällt ihm dadurch schwerer. Wir gehen aber genau gleich vor wie bisher. Bleibt der Erfolg aus, gehen wir, ohne jeden Ärger erkennen zu lassen, auf die Stufe des Lautgebens mit dem angebundenen Hund zurück. Klappt dies immer noch, versuchen wir es erneut mit dem abgeleint zurückbleibenden Tier. Bei der nötigen Konsequenz werden wir so die Klippe des Bellens bei abgeleintem Hund irgendwann umschifft haben. Jetzt steht uns ein Hund zur Verfügung, der auf unser erstes und einziges in ruhigem Ton gesprochene „gib Laut" sicher bellt. Nun nehmen wir jede sich bietende Gelegenheit wahr, um den Hund in den verschiedensten Situationen auf diese Weise Laut geben zu lassen. Damit können wir ihn nun auch zum Bellen bringen, wenn immer sich eine Person unserem Hause nähert. Schließlich verknüpft der Hund das Lautgeben mit dem Erscheinen einer Person, und wir haben erreicht, was wir wollten, ohne den Hund aggressiv werden zu lassen. Selbstverständlich werden wir nicht böse, wenn die Übung wieder einmal nicht klappt. Schimpfen würde unseren Hund nur unsicher und verkrampft werden lassen, und dadurch wird ihm das Bellen fast unmöglich. Nein, wir greifen sogleich zurück zur ersten Stufe des Lernprozesses und werden sehr schnell wieder zum erwünschten Endergebnis gelangen. Dieses stufenweise Vorgehen ist bei jedem Ausbildungsvorgang anwendbar und nützlich. Mehr als ein warnendes Bellen beim Erscheinen fremder Personen im Garten oder vor dem Haus benötigen wir beim Rottweiler nicht. Er wirkt ja ohnehin schon imposant, und wenn eine Person unsicher reagiert, nimmt er dies wahr und ist nun in erhöhter Weise wachsam.

Abb. 16. Der Rottweiler als Begleiter. (Foto: U. Ochsenbein)

Das Üben des Lautgebens auf Hörzeichen bringt außerdem den Vorteil mit sich, daß es nun auch besser möglich ist, den unerwünscht bellenden Hund zum Schweigen zu bringen. Voraussetzung ist, daß wir jede Bellübung mit einem ruhig gesprochenen „Fertig!" beenden. Dasselbe Hörzeichen wenden wir dann an, wenn der Hund einmal zur Unzeit bellt. Dabei kann uns zusätzlich ein bereitgehaltener Lekkerbissen helfen, den Hund in eine andere Stimmung zu versetzen, was ihm das Einstellen des Bellens erleichtert.

Spazieren bei Dunkelheit

Es ist aufschlußreich, wenn man mit dem Junghund nachts spazierengeht. Selbst im vertrauten Gelände verhält er sich anders, vor allem viel aufmerksamer. Alle optischen und akustischen Erscheinungen beeindrucken ihn jetzt deutlich stärker. Er zeigt auch Angst, und dies darf man keinem Hund übelnehmen. Angst gehört schließlich zu jedem Lebewesen. Ein Hund, der keine Angst hätte, wäre ein unterentwickeltes Geschöpf ohne jede Überlebenschance in der freien Wildbahn. Aber der gesunde und in seinem Wesen einigermaßen ausgeglichene Hund überwindet die Angst meist aufgrund seiner Neugier. Er bleibt zum Beispiel vor einem Busch stehen, der sich hell vor dem dunklen Hintergrund abhebt und den ein Wind leicht bewegt. Sein Fell sträubt sich, er knurrt, bellt und weicht einige Schritte zur Seite. Wir sollten ihn vorerst nur beobachten und ihn weder verärgert auslachen, noch ihn drängend unterstützen oder scharfzumachen versuchen. Oft probiert der Hund in einer derartigen Situation, Witterung von dem ihn beunruhigenden Objekt zu erhalten, indem er es mit angehobener Nase umkreist. Dabei kann es schon zur Annäherung und Berührung kommen, die mit Beschnüffeln und Markieren (Urin absetzen) abgeschlossen wird: Damit ist die Sache dann auch formgerecht „erledigt".

Erkundet der Hund das fragwürdige Objekt nicht selbst, können wir ihm am besten helfen, wenn wir uns dicht dorthin begeben und den Hund mit beruhigenden Worten ansprechen und herbeilocken. Falsch wäre ein striktes Abrufen in barschem Ton oder gar das Herbeizerren des Hundes an der Leine. Es gibt einfach Situationen, in denen der Hund Zeit braucht, um sich daran zu gewöhnen. Dies ganz besonders während der Reifezeit, also etwa vom sechsten bis zum zwölften Monat. Besser als Druck auszuüben ist es, den Hund an einem andern Tag wieder in dieselbe ihn beängstigende Situation zu führen. Er wird nun normalerweise schon unerschrockener reagieren, falls wir ihn beim erstenmal nicht zusätzlich verunsichert haben.

Eine weitere Möglichkeit, dem angesichts einer bestimmten Erscheinung Angst zeigenden Hund zu helfen, ist das Lautgebenlassen auf unser Hörzeichen „gib Laut!" hin, das wir ihm hier ausnahmsweise wiederholt in leisem Ton geben. Dabei stehen wir neben dem Hund und blicken ihn nicht an, sondern wir fixieren gleich ihm das betreffende Objekt. Mit aufkommendem Bellen löst sich stets auch ein wenig die Verkrampfung im Hund, und bald kann dann die Neugier überwiegen, und das Objekt wird erkundet.

Begegnungen

Es ist wichtig für seine Wesensbildung und Festigung, daß wir den Hund sich selbst überlassen, sobald er mit gewissen Dingen konfrontiert wird. Dazu gehören nicht nur Erscheinungen, die ihn beunruhigen, sondern auch Begegnungen mit Personen, die ihn verunsichern (abnormer Gang, sonderbare Kleidung etc.) und nicht zuletzt die Begegnung mit anderen Hunden sowie die Auseinandersetzung mit ihnen, sei es im Spiel, sei es im Ritual des Imponierens oder in einer Rauferei. Bei alledem soll der Hund nicht beeinflußt werden von seinem Besitzer. Damit nimmt man ihm nämlich die Möglichkeit, selber zu lernen und selbständiger zu werden.

Ängstliches Verhalten des Besitzers bei jeder Begegnung mit einem andern Hund kommt praktisch der Dressur zum aggressiven Verhalten gleich. Das können wir uns mit dem robusten und kräftigen Rottweiler schon gar nicht leisten. Deshalb seien hier einige Regeln angeführt über das Verhalten bei Begegnungen mit andern, vor allem mit gleichgeschlechtlichen Hunden.

1. Begegnen wir freilaufenden Hunden, halten wir unser Tier nicht an der Leine zurück, sondern geben es frei und gehen ruhig und stetig weiter. Stehenbleiben, wenn Hunde sich begegnen, fördert deren Aggression.
2. Begegnen wir einem an der Leine geführten Hund, behalten wir unser Tier an der Leine, die jedoch locker durchhängen soll. Wirft sich unser Hund in die Leine, ziehen wir ihn kräftig an unsere Seite zurück, lassen dann aber sofort wieder locker. Bei alledem gehen wir ebenfalls stetig weiter. An gespannter Leine ist jeder Hund aggressiver.
3. Weilen wir mit anderen Hundehaltern an einer Stelle, wo wir unsere Tiere gemeinsam beobachten, und zeigt sich einer der Hunde aggressiv, indem er knurrt oder aufreitet, entfernen wir uns wortlos einige Meter und bitten die anderen Besitzer, sich in entgegengesetzter Richtung zu entfernen. Jedes laute Einreden auf die Hunde ist in diesem Augenblick falsch, allerhöchstens gibt man ruhig das Hörzeichen „Komm!".
4. Rempeln sich zwei Rüden oder zwei Hündinnen trotzdem an, entfernen wir uns wie zuvor, ohne irgendwelche anderen Lautäußerungen als das Hörzeichen des Abrufens zu geben. Dringen wir jetzt auf die Hunde ein, schimpfen oder schlagen wir gar mit Leine oder Stöcken nach ihnen, wird aus der Rempelei unweigerlich eine Beißerei, weil sich unsere Unsicherheit auf die Tiere überträgt, was sie fester zupacken und am Ende beißen läßt.
5. Haben sich zwei Hunde einmal verbissen und lassen nicht mehr los, hebt man den oben liegenden Hund am Halsband kräftig an. Er wird bald keine Luft mehr bekommen und den Fang öffnen. Deshalb muß der andere Besitzer bereitstehen und sein Tier sofort wegnehmen, weil es sonst den loslassenden Rivalen packt. Einem unerfahrenen Hundehalter müssen wir also die nötigen Anweisungen geben. Sind die Hunde getrennt, muß der Griff am Halsband des angehobenen Hundes sogleich wieder gelockert werden, da sonst die Gefahr des Strangulierens besteht. Daraufhin geht man am besten mit den beteiligten Hunden in verschiedenen Richtungen weiter, wobei man sie frei laufen läßt.

Werden die oben stehenden Regeln befolgt, wobei man seine Angst nicht zeigt, sondern sie unterdrückt, hat man eine sehr große Chance, daß es bei einer Rempelei bleibt, woraus sich die Rivalen selber lösen. Befolgt man sie indessen nicht, indem man hektisch und unbedacht handelt, wird aus der Rempelei zwangsläufig eine Beißerei, die böse Folgen haben kann.

Nach einer Rauferei wie auch nach hartem Spiel sollte man das Fell des Hundes nach kleinen Verletzungen absuchen. Diese werden gründlich desinfiziert (s. a. S. 50f.).

Es ist darauf zu achten, daß man sich selbst nicht mit dem eigenen am Spiel oder Kampf beteiligten Hund identifiziert und damit erregt und aggressiv wird. Damit verlieren wir die Übersicht und die Beherrschung. Es gibt Leute, die schon unglücklich sind, wenn ihr Hund unter seinen Partner zu liegen kommt, sie möchten doch einen Sieger haben. Dabei kommt es nicht darauf an, welcher Hund oben oder unten liegt. Der im Wesen sichere und bessere Hund zeichnet sich dadurch aus, daß er nicht nervös zubeißt und sich im hundlichen Sinne korrekt benimmt, ganz gleich, ob er sich im Spiel oder Kampf oben oder unten befindet. Die Hunde selbst wechseln sich ja im Spiel periodisch im Unten- oder Obenliegen ab. Beides muß geübt werden, und dies tun sie denn auch instinktiv. Wir dürfen uns sehr freuen über unseren Rottweiler, wenn er sich – unter einem Rivalen liegend – so lange ruhig verhält, bis ihn dieser schließlich freigibt. Wir wissen dann, daß wir einen wesenssicheren und normal reagierenden Hund besitzen.

Leinenführigkeit des Junghundes

Haben wir es dem Welpen und anfangs auch dem Junghund noch erlaubt, sich nach vorn in die Leine zu stemmen, so kommt nun irgendwann der Tag, wo wir uns entschließen müssen, den Hund zum Respektieren des Leinenbereiches ohne Zerren zu bringen. Wann es soweit ist, hängt vom Gewicht und der Kraft sowohl des Hundes als auch des Besitzers und seiner den Hund ausführenden Familienmitglieder ab. Man darf aber nicht so lange zuwarten, bis der an der Leine zerrende Hund bereits zur Gefahr für die ihn führenden Personen geworden ist. Dies ist beim kompakt gebauten Rottweiler natürlich eher der Fall als bei einer leichter gebauten Rasse. Das Abgewöhnen des Zerrens erfordert überlegtes und nicht zimperliches Vorgehen. Wir müssen uns klar sein, daß unser Einwirken so kräftig sein muß, daß es sogleich wirksam wird. Wirkt man nämlich zu schwach ein, gewöhnt sich der Hund daran, ja er empfindet es sogar als Spiel, und wir trainieren ihn dann gleichsam mit zunehmend gesteigertem Einwirken geradezu zum Zerren. Es ist dies dasselbe wie beim Verabreichen einer Medizin. Auch hier muß die Anfangsdosis so bemessen sein, daß sich die Erreger nicht daran zu gewöhnen imstande sind und resistent werden. Damit ist das Medikament unwirksam geworden.

Der Vorgang: Wir lassen den jungen Hund selbst sich in die Leine drängen. Tut er das, und ist die Leine straff gespannt, befördern wir ihn mit einem kräftigen Zug sozusagen per Luftpost zurück. Er kann sich dabei überschlagen, doch das schadet ihm nicht, er ist robust genug dazu. Dieses Zurückschleudern wird ohne jedes Lautzeichen gemacht, und man geht im zuvor eingehaltenen Schrittempo ruhig weiter. Der Hund ist verblüfft. Oft genügt dieses eine Mal, und schon hat der Hund gemerkt, daß auf sein sich in die Leine Drängen hin der unangenehme „Rückflug" erfolgt. Unangenehm dabei ist für den Hund besonders der Umstand, daß seine Vorderhand vom Boden gehoben wird. Denn unsere Einwirkung erfolgt möglichst schräg nach oben, und zwar dann, wenn sich die gestraffte Leine über seinem Rücken befindet. Manche Hunde versuchen nach relativ kurzer Zeit nochmals, sich in die Leine zu drängen. Reagieren wir erneut im richtigen Moment mit der nötigen Entschlossenheit, dürfte das vorerst genügen. Wir können nun beobachten, wie

Abb.17. Aufmerksamkeit ohne jede Nervosität – das ist typisch für den Rottweiler. (Foto: U.Ochsenbein)

sich der Hund vorsichtig nach vorn schiebt und wie die Hemmung mit zunehmendem Straffwerden der Leine wächst. Er geht nur an die Grenze, aber nicht weiter. Nur bei Hunden, die schon älter sind, und die in der oben beschriebenen Weise zum Zerren geradezu angeleitet worden sind, muß dieser Vorgang des Abgewöhnens mehr als zweimal durchgeführt werden. Jeder wesenssichere Rottweiler wird allerdings in den kommenden zwei Tagen nochmals versuchen, ob er sich nicht ungestraft in die Leine drängen kann. Das hängt mit der Lernweise des Hundes zusammen. Jedes

eindrückliche Erlebnis setzt sich in seinem Gedächtnis erst nach zwei bis drei Tagen nachhaltig fest. Erst dann kann von einem Lernerfolg gesprochen werden. Wir dürfen somit nicht aus lauter Liebe zum Hund mit allzuschwachen Korrekturen Unarten abgewöhnen wollen. Dies macht die Sache in jedem Falle und für beide Teile nur unerquicklicher. Der Hund, und besonders der Rottweiler, kann sehr viel ertragen, und er lernt dann sehr schnell, wenn er im richtigen Augenblick mit entsprechender Energie korrigiert wird. Was er dagegen nicht erträgt, ist unbegründeter Ärger und Schelte seitens des

Herrn, was ihm beides unverständlich bleibt und ihn nur verunsichert. Korrigieren wir also klar, kräftig und ohne uns dabei aufzuregen.

Mit dem beschriebenen Vorgehen erreichen wir also, daß unser Rottweiler den Leinenbereich in dem Sinne respektiert, daß er nicht mehr zerrt. Das ist für die Praxis der Hundehaltung viel wichtiger als das korrekte Bei-Fuß-Gehen, wie es der Sporthund auf dem Übungsplatz ausführt. Mit Bei-Fuß-Gehen kann man nämlich einen Hund beispielsweise nicht zum Einkaufen mitnehmen, weil man dabei diese Übung nicht ständig überwachen kann und sich der Hund so immer mehr Freiheiten nimmt. Wohl aber erlaubt uns das Respektieren des Leinenbereiches, jeden Hund überallhin mitzunehmen, ja, wir können ihn auch ohne weiteres neben dem Kinderwagen an der Leine führen.

Die sportliche Ausbildung des Rottweilers

Je mehr wir mit unserem Hund unternehmen, desto enger und vertrauter gestaltet sich unser Verhältnis zu ihm. Das bedeutet auch, daß wir ihn besser beeinflussen lernen, und dadurch sind wir auch in der Lage, dem Hund eventuelle Untugenden abzugewöhnen. Die beste Gelegenheit zu einem systematischeren Zusammenwirken mit dem Hund bietet der Hundesport. Allerdings erfordert Hundesport auch Zeit, und nicht jedermann, der einen Rottweiler anschafft, verfügt darüber. Wendet man sich jedoch bei den üblichen Spaziergängen aufmerksam seinem Hund zu und unternimmt man hier immer wieder etwas, wie dies in vorliegendem Buch bereits angeregt und beschrieben worden ist, dann genügt auch das, um den nötigen Einfluß zu gewinnen. Es wird uns so möglich sein, unseren Rottweiler unter Kontrolle zu halten.

Sind die bisher beschriebenen Übungen mit der nötigen Exaktheit und Ausdauer geübt worden, haben wir einen Hund, der an der Leine geht, ohne zu zerren, der sich sicher abrufen läßt und der zum Sitzen und Bleiben gebracht werden kann. Außerdem ist er derart in den Familienbereich integriert worden, daß er sich hier wie ein wohlerzogener Hund benimmt. Werden nun die erwähnten Übungen mit einer gewissen Regelmäßigkeit wiederholt, wird unser Einfluß nicht verblassen, und der Hund wird sich nicht in unerwünschter Weise verselbständigen. Das bedeutet, daß es zu einer verantwortbaren Haltung des Hundes eigentlich keine weiteren Anstrengungen braucht, als wir sie bei den üblichen Spaziergängen ohnehin aufwenden.

Hundesportliche Betätigung ist somit nicht unerläßlich, aber doch mehr als ein Zeitvertreib und insofern empfehlenswert. Vorausgesetzt freilich, daß dieser Hundesport in vernünftiger Weise betrieben wird.

Wie gelangt man zum Hundesport?

Hundesport wird in einem Verein oder in einer frei organisierten Gruppe betrieben. Wir müssen also Kontakt zu einer solchen Institution suchen, wozu uns die im Anhang befindlichen

Adressen behilflich sind. Hier können wir erfahren, ob in unserer Nähe eine Ortsgruppe des Allgemeinen Deutschen Rottweiler-Klubs oder einer anderen Landesorganisation besteht. Man wird dort auch erfahren können, wo sich eine für alle Rassen offene Hundesport-Gruppe befindet. Es gibt auch Gruppen der Schäferhund-Vereine, die sich der Ausbildung von Hunden anderer Gebrauchshunderassen annehmen. In der Schweiz gibt es überdies über 150 Sektionen der Kynologischen Gesellschaft, wo alle Rassetypen willkommen sind.

Sind wir mit einem Hundeklub in Verbindung getreten, werden wir dessen Übungen besuchen, die unter kundiger Leitung durchgeführt werden. Dabei können verschiedene Sparten des Hundesports ausgewählt werden. In der Regel beginnt man mit dem Rottweiler im Fach Schutzhund zu arbeiten.

Schutzhunde-Ausbildung

Die Schutzhunde-Ausbildung umfaßt die sogenannten Unterordnungsübungen, die Fährtenarbeit und den Schutzdienst. Zur *Unterordnung* gehören die Leinenführigkeit und das Gehen bei Fuß ohne Leine mit Wendungen nach rechts, links und in Gegenrichtung, wobei das Sitzen, Hinlegen, Bleiben, Vorangehen sowie das Lautgeben und das freie Stehenbleiben geübt werden. Hinzu kommt das Apportieren eines Gegenstandes. Außerdem wird das Überwinden einer Hürde im Freisprung und das Überklettern der Schrägwand verlangt.

In der *Fährtenarbeit* hat der Hund die Spur einer Person im Gelände zu verfolgen und dabei ausgelegte Gegenstände anzuzeigen oder herbeizubringen. Die schweizerische Prüfungsordnung ergänzt diese Nasenarbeit mit der Suche nach Gegenständen in einem abgegrenzten Geländeviereck.

Der *Schutzdienst* sieht das Revieren nach einer Person im Schutzanzug vor, die gefaßt beziehungsweise gestellt und verbellt wird. Danach ist sie abzuführen, wobei ein Fluchtversuch durch Angreifen und Packen zu vereiteln ist. Auch in Abwesenheit des Führers hat der Hund die Person an einem Fluchtversuch zu hindern. In der schweizerischen Prüfungsordnung gehört zum Schutzdienst außerdem das Bewachen eines Gegenstandes durch den Hund in Abwesenheit des Führers.

Für alle diese Vorgänge gibt es Lehrbücher und Prüfungsordnungen, die im Buchhandel oder in den Vereinen bezogen werden können (s. a. Literaturverzeichnis im Anhang).

Es würde den Rahmen dieses Buches sprengen, hier noch auf die Details der Ausbildung näher einzugehen. Hingegen scheint es angebracht, einige grundsätzliche Bemerkungen über die Handhabung des Schutzdienstes zu machen, die den Rottweiler und seine Führerin beziehungsweise seinen Führer besonders betreffen.

Wie schon erwähnt wurde, entfaltet ein normal begabter und gut aufgezogener Rottweiler ganz von selbst ein ausgeprägtes Schutzverhalten in bezug auf seine Besitzer und deren Wohnbereich.

Allerdings tut er dies erst ab einem gewissen Alter, da er nicht zu den frühreifen Rassetypen gehört. Das ist das eine. Das andere: Der Rottweiler ist bekanntlich gutartig und gutmütig. Doch wenn er sich stark erregt, handelt er unerhört intensiv und hat Mühe, sich wieder zu beruhigen. Es ist dann, als ob seine ursprüngliche Wildheit geweckt worden und durchgebrochen wäre und die ganze angelernte Folgsamkeit überdecken würde. Seine Wut kennt dann plötzlich keine Grenzen, und er ist in diesem Moment außergewöhnlich rabiat. (Dies gilt übrigens auch für andere doggenartige Rassetypen wie etwa den Boxer und den Riesenschnauzer.) Deshalb muß der Aufbau des Rottweilers als Schutzhund sorgfältig und seinem Wesen angepaßt erfolgen. Gehen wir bei der Ausbildung in unserem Begehren, einen „tollen Verteidiger" heranzubilden, zu weit, können wir in Schwierigkeiten geraten. Nicht immer lassen sich nämlich dann die anfallartigen aggressiven Ausbrüche wieder unter Kontrolle bringen. Am sichersten lassen sich solche Übertreibungen ausschließen, wenn wir den Schutzdienst als ein für den Hund höchst spannendes Kampfspiel auffassen und nicht als einen Lehrgang, unsere Person „bis in den Tod" zu verteidigen, wie es so geschmacklos und dumm in so manchem Hundebuch, Rassestandard und Artikel geschrieben steht.

Um sich ein Bild davon zu machen, ob sich ein Übungsleiter für die Ausbildung unseres Rottweilers zum Schutzhund eignet, achten wir ganz einfach darauf, aus welcher Einstellung zum Hund und zu dieser Arbeit heraus er vorgeht. Sobald er die Tendenz erkennen läßt, den Hund mißtrauisch zu machen und ihn dadurch zu einer Scheinschärfe zu veranlassen, die dem Rottweiler gar nicht liegt, sollten wir eingreifen und diese Art von Ausbildung abbrechen. Vergessen wir nie, daß unser Rottweiler für den Ernstfall alles mitbringt und uns auch mit großer Selbstverständlichkeit verteidigen würde, sollte es die Not einmal erfordern. Dieses Vertrauen sollten wir aufbringen. Dann steht der Ausbildung mit Schlagsack, Beißübungen und der Arbeit am geschützten Mann nichts entgegen, und wir werden viel Freude am sportlichen Schutzdienst mit unserem Hund erleben.

Fährtenarbeit ist jener Teil der Schutzhundeausbildung, die der Natur des Hundes am meisten entspricht, erlebt er doch seine Umwelt in erster Linie durch sein Riechorgan. Hier kann man ohne Bedenken arbeiten, Fehler wirken sich höchstens erfolgsvermindernd aus.

Der Einsatz seiner Nase zum Verfolgen einer Fährte hat übrigens eine positive Nebenwirkung, die wenig bekannt ist: Sie fördert den Hund in seiner Wesenssicherheit. Man kann tatsächlich leicht unsichere Tiere durch Spurenarbeit in ihrem Verhalten festigen. Es scheint mit der Nasenarbeit ein gewisser Reifungsprozeß einherzugehen. Hinzu kommt, daß die Fährtenarbeit auch für die Hundeführerin und den Hundeführer eine höchst spannende und erfreuliche naturnahe Übung darstellt.

Bei den Unterordnungsübungen geht es nicht darum, den Hund herumzukommandieren, sondern sich mit ihm so zu verständigen, daß er merkt, was wir von ihm wünschen. Dann tut er nämlich auch, was wir von ihm erwarten.

Weitere sportliche Ausbildungsmöglichkeiten

Die Schutzhunde-Ausbildung ist – vernünftig und fachgerecht durchgeführt – die allerbeste Grundlage für alle weiteren Ausbildungssparten. Besonders dort, wo eine praktische Anwendung des Gelernten angestrebt wird, wie etwa beim Suchhund, beim Lawinenhund und beim Rettungshund (Katastrophenhund), ist sie unerläßlich.

Nun zu den anderen sich bietenden Möglichkeiten.

Die weiteren sportlichen Prüfungsklassen des Verbandes für das Deutsche Hundewesen VDH

Bei der *Ausdauerprüfung* bewegt sich der Hund über eine Strecke von 20 km neben dem ihn auf dem Fahrrad begleitenden Führer. Dies geschieht mit Pausen und unter tierärztlicher Kontrolle. Für kompakt gebaute Hunde, wie es der Rottweiler ist, erfordert das ein gut aufgebautes Konditionstraining, dann sind auch sie der gestellten Aufgabe durchaus gewachsen. Die *Rettungshund-Tauglichkeitsprüfung* setzt sich aus einer auf 10 km Distanz verkürzten Ausdauerprüfung, einer Unterordnungsübung mit eingebauten Hindernissen und dem Stöbern nach leicht überdeckten Kleidungsstücken zusammen. Diese Kleidungsstücke werden mit Verharren, Scharren und Bellen angezeigt. Für einen zum Schutzhund ausgebildeten Rottweiler wird es bei dieser Prüfung kaum Probleme geben.

Die *Prüfung zum „Verkehrssicheren Begleithund"* verlangt eine Unterordnungsleistung, die zuerst auf freiem Platz, dann im Verkehr durchgeführt wird. Es folgt die Beurteilung des Verhaltens des Hundes im Straßenverkehr; beides kein Problem für einen fördernd aufgezogenen Rottweiler.

Die weiteren sportlichen Prüfungsklassen der Schweizerischen Kynologischen Gesellschaft SKG

Sanitätshunde haben nach einer Unterordnungsprüfung ein Waldrevier von 120 m Basis und – je nach Ausbildungsstufe – von 200 m, 300 m oder 500 m Tiefe nach drei Personen und einem Gegenstand abzusuchen. Der Führer hat auf der Mittellinie vorwärts zu schreiten, während der Hund nach links und rechts zur Reviergrenze hinauseilt. Die Anzeige erfolgt im Bringsel-Verfahren, das ist ein kleines Lederstück, welches der Hund in den Fang nimmt, sobald er gefunden hat, und es zum Führer trägt.

Die *Suchhundeprüfung* erfordert das Absuchen von drei verschieden großen Revieren nach Gegenständen diverser Größe und/oder Personen, wobei das letzte Revier in etwa dem Sanitätshunderevier der Stufe III entspricht. Die Anzeige erfolgt durch Verbellen oder im Bringsel-Verfahren.

Sowohl die Sanitätshunde- als auch die Suchhundeprüfung kann auch von einem kräftig gebauten Rottweiler erfolgreich bestanden werden, doch sollte ein seriöses Konditionstraining vorausgehen.

Wie alle hier angeführten Prüfungsklassen ist auch die *Lawinenhundeprüfung* in drei Leistungsstufen aufgeteilt, eine für Anfänger, eine für Fortgeschrittene und die dritte für bewährte Führer und Hunde. Neben einem Unterordnungstest wird in einem umfangreichen Schneefeld, das steil ansteigt, nach Personen und Gegenständen gesucht, die mehr oder weniger tief vergraben sind. Stufe III: Reviergröße 80×150 m, Vergrabetiefe 200 cm für Personen, 50 cm für den Gegenstand (Rucksack).

Außerdem hat der Hund in Feinsuche auf einem kleinen, ebenen Feld einen Gegenstand in zehn Minuten zu finden. Schon mancher Rottweiler hat diese Prüfung mit Bravour bestanden.

Die *Katastrophenhundprüfung* setzt sich aus Unterordnung, Führigkeitsübungen und der Nasenarbeit zusammen. All dies beinhaltet einen umfangreichen Hindernisparcours, wobei sich der Hund langsam und sicher zu bewegen hat, dann eine Detachierübung (Führigkeitsübung), wobei der Hund aus 15 m Distanz auf verschiedene Erhebungen zu schicken ist. Zentrale Übung ist das Anzeigen eines Figuranten, der an einem bekannten Verweilort eingeschlossen ist. Hierbei wird Verharren, Bellen und Scharren verlangt. Schließlich ist in einem schwierigen Trümmergelände größeren Ausmaßes in 15 Minuten eine vergrabene Person anzuzeigen, wobei sich der Führer auch über technisch-taktische Fähigkeiten auszuweisen hat. Das Bestehen dieser anspruchsvollen Prüfung ergibt in der Schweiz noch nicht die Einsatzfähigkeit von Führer und Hund. Diese muß in einem bedeutend schwierigeren Test beim Schweizerischen Verein für Katastrophenhunde erworben werden.

Schon mehrmals haben Rottweiler die Einsatzfähigkeit erreicht, wie wir im nächsten Kapitel noch sehen werden.

Auch die *Fährtenhundprüfung* (FH) mit einer Fremdfährte über zweieinhalb Kilometer (ohne Verleitungsfährte), die in einer Suchzeit von maximal anderthalb Stunden durchgeführt werden muß, ist in der Schweiz schon oft von Rottweilern bestanden worden.

Der Rottweiler als Dienst- und Rettungshund

Unser Rottweiler gehört zu den klassischen Gebrauchshunderassen neben dem Deutschen Schäferhund, dem Boxer, dem Airedale Terrier, dem Riesenschnauzer, dem Dobermann und dem Hovawart.

Es sind dieselben Eigenschaften, die einen guten Schutzhund ausmachen, die auch für den Dienst- wie den Rettungshund unerläßlich sind: Wesensfestigkeit, Draufgängertum, Kraft, Ausdauer und Suchintensität. Die beste Grundschule ist folglich auch hier die Ausbildung zum Schutzhund, welche die genannten Wesensmerkmale nicht nur voraussetzt, sondern auch fördert. Das gilt übrigens nicht allein für den Polizei- oder Militärhund, in gleicher Weise hat es auch beim Rettungshund seine Gültigkeit. Man kann nicht einen Hund, der zum Schutzhund nicht taugt, im Rettungsbereich einsetzen. Manche verantwortungslosen Ausbilder machen dies zwar öfters in der Hoffnung, trotzdem (durch Zufall) Erfolg zu haben. Mag das im Sport- und Prüfungsbereich mit dem einen oder anderen Hund noch angehen, für den Einsatz im Ernstfall reicht es nicht aus. Die Belastung ist hier für Führer und Hund ganz einfach zu groß, was unweigerlich zu Mißerfolgen führen muß. Damit wird das Leben von Menschen aufs Spiel gesetzt, die sich ohnehin schon in einer bedrohlichen Lage befinden.

Leider habe ich auf allen Katastrophenplätzen der letzten Jahre, vorwiegend nach den großen Erdbeben, solche vom Wesen her untauglichen Hunde angetroffen, die zudem samt ihren Führern unzureichend ausgebildet waren. Die Leute wollten einfach auch dabei sein und wenn möglich in die Schlagzeilen der Medien kommen.

Derartiger Dilettantismus im Rettungsbereich ist verwerflich. Wird der Rottweiler aus guter Zucht vom Besitzer fachgerecht erzogen, dann eignet er sich in den allermeisten Fällen zur Ausbildung als Diensthund. Gerade sein ausgeprägtes Schutzverhalten prädestiniert ihn dazu. Und dank seiner Beweglichkeit und Intensität wird er auch als Rettungshund vorzüglich arbeiten. Alles hängt hier wie dort von der ihm zuteil werdenden Ausbildung ab und von den Fähigkeiten seines Führers.

Polizei- und Militärhund

Die spezielle Ausbildung basiert, wie gesagt, auf der sportlichen Betätigung im Schutzhundbereich. Allerdings verlangt die Praxis hier bedeutend weniger Zupacken und Festhalten, als dies im Sport der Fall ist, wo ja das Festhalten des Schutzärmels im Vordergrund steht. Mit

Abb.18. Am 12. April 1975 führte der bekannte Ausbilder im Blindenführhundewesen, Walter Rupp, erstmals einen Orientierungslauf für Blindenführhundehalter in der Schweiz durch. Als Sieger ging unter vierzig Teilnehmern dieser Rottweiler mit seinem sehbehinderten Führer hervor. (Foto: U. Ochsenbein)

diesem Verhalten bringt sich der Polizeihund im Einsatz in Gefahr, weil er mit einem Hieb oder Schuß so verletzt werden kann, daß er zumindest kampfunfähig wird. Ein Stein genügt dem Täter oder seinem Komplizen, um ihm den Nasenrücken einzuschlagen. Beispiele dafür gibt es genug.

Aber der Polizei- und Militärhund verschafft seinem Führer nicht durch Beißen den erwünschten Schutz, sondern durch sein gutes Gehör und den unerhört leistungsfähigen Geruchsapparat. Der Hund ist keineswegs eine Waffe, sondern ein Hilfsmittel im Sinne eines Detektors, wenn er richtig als Schutzhund eingesetzt wird. Er bemerkt nämlich dank seinen dem Menschen weit überlegenen Sinnesorganen alle Unregelmäßigkeiten im Gelände und in Innenräumen viel eher, als dies uns selbst möglich wäre. Und er zeigt uns jede Abweichung von der Norm sofort an. Personen hat er zu verbellen und notfalls an der Flucht zu hindern. Es ist fast unmöglich, einem in Begleitung eines gutausgebildeten Hundes vorgehenden Polizisten oder Soldaten gegenüber so unbemerkt zu bleiben, daß man ihn noch überraschen könnte. Der taktisch richtig eingesetzte Hund spürt uns in großer Distanz von seinem Führer auf und macht Überraschungsangriffe zunichte. Zudem findet er Gegenstände, die als Indizien Auskunft über die Identität und das Vorgehen von Tätern geben können. Der Polizist wie der Soldat sind durch den Hund stets eher und besser informiert als ihr potentieller Gegner. Genau darin liegt eben auch der beste Schutz. Und diesen Schutz erbringt ein gut ausgebildeter Rottweiler in vorzüglicher Weise.

Rettungshund

Polizei- und Militärhund werden ebenfalls zur Rettungsarbeit verwendet. Dies vor allem bei der Suche nach vermißten Personen und/oder Gegenständen in Wald und Feld. Wie schon bei der sportlichen Vorbereitung zu dieser professionellen Arbeit, bedarf der Rottweiler auch hier eines sorgfältig aufgebauten Konditionstrainings, um als vollwertiger Helfer mithalten zu können. Je kompakter und schwerer er ist, desto wichtiger ist dieses Training. Insofern ist es für den dienstlichen Gebrauch kein Nachteil, wenn unser Rottweiler hier etwas kleiner und leichter gebaut ist, als es die Anhänger eines schweren Typs dieser Rasse gern haben möchten. Genügend Kraft und Masse für den Notfall eines Angriffs bringt er allemal mit.

Als *Lawinenhund* hat sich der Rottweiler ebenfalls bewährt, wenn er auch in diesem Fachgebiet weniger anzutreffen ist. Gegen Kälte ist er genügend geschützt, und leistungsmäßig bringt er – wenn gut trainiert – alles mit.

Auch zur *Trümmersuche* wird der Rottweiler mit Erfolg eingesetzt. Der Schweizerische Verein für Katastrophenhunde SVKA hat mit ihm bei Erdbebenkatastrophen die besten Erfahrungen gemacht. Beweglichkeit bei schwierigen Trümmerlagen und Unbeirrtheit bei Störeffekten durch Lärm und Rauch zeichnen ihn aus. Weniger bekannt ist die berufliche Verwendung des Rottweilers als *Blindenführhund*, doch steht er auch in diesem schwierigen Fach den anderen Rassen in keiner Weise nach. Freilich muß der Blinde wie der Sehende diesen Hund mit fester Hand zu führen wissen.

Ganz allgemein läßt sich vom Rottweiler sagen, daß er in allen beruflichen Verwendungsarten einzusetzen ist. Es ist auch hier die ihm gegebene Ursprünglichkeit, die ihn zu Spitzenleistungen befähigt. Hinzu kommt seine tiefe Verbundenheit zum Herrn, die der Sensibilität dieses muskelstarken Hundes entspricht und die ihn besonders zuverlässig und wertvoll macht in der Zusammenarbeit mit dem Menschen.

Mit dem Rottweiler zur Ausstellung

Hundeausstellungen sind vor allem für unseren Züchter wichtige Ereignisse, wo er sich informieren und orientieren kann. Im Vergleich zu den Hunden von anderen Züchtern aus dem In- und Ausland kann er den Stand der eigenen Zuchtergebnisse erkennen und – so es ihm nötig erscheint – entsprechende züchterische Maßnahmen treffen.

Haben wir nun von unserem Züchter einen sorgfältig aufgezogenen Rottweiler erhalten, der dem sogenannten Rassestandard gut entspricht, sollten wir nicht zögern, ihn auch einmal auszustellen. Der Züchter wird uns dafür dankbar sein und uns in allen Dingen beraten, die den Ausstellungsbesuch betreffen. Auch die Rottweiler-Klubs bemühen sich, uns über

Abb. 21. Wie schön bzw. formgerecht ist mein Rottweiler? Das lernt man bei den Anleitungen zum Vorführen im Ausstellungs-ring der Klubs. (Foto: U. Ochsenbein)

das Wann, Wo und Wie einer Ausstellung auf-zuklären. Sie führen Informationsübungen durch, wo wir auch erfahren, welche Chancen unserem Hund vor dem Ausstellungsrichter eingeräumt werden und wie der Hund im Aus-stellungsring (Vorführplatz) am geschicktesten zu präsentieren ist. Manchmal werden auch sogenannte Ringtrainings abgehalten, wo wir das Präsentieren des Hundes lernen und üben können. Dabei geht es im Prinzip darum, den Hund in eine gewisse Spannung zu versetzen, damit seine Gestalt sich ausdrucksvoll zeigt. Es ist sehr schwierig für einen Schönheitsrichter, einen Hund zu beurteilen – und sei er noch so

perfekt gebaut –, der ohne jedes Interesse un-aufmerksam im Ring steht oder lustlos herum-geht. Daher ist es ganz natürlich, daß ein gut vorgeführter Hund stets mehr Chancen hat, an die Spitze zu gelangen.

Man sieht, daß die Teilnahme an einer Ausstel-lung gut vorbereitet werden sollte. Abgesehen von dem zu erreichenden Ergebnis bringt die Teilnahme uns und unserem Hund noch eini-ges mehr. Es bietet sich nämlich damit erneut eine Gelegenheit, mit unserem Rottweiler et-was zu unternehmen, und wir lernen ihn dabei von einer neuen Seite kennen. Auch erfahren wir im Gespräch mit anderen Rottweilerbesitzern manches über die Haltung und die Erziehung unseres Hundes sowie über die Rasse selbst. Nicht zuletzt erklärt uns der Richter, was an unserem Hund besonders formgerecht und was weniger gut ausgeprägt erscheint. Schade ist es freilich, wenn wir über eventuelle Mängel unseres Hundes enttäuscht sind. Um uns davor zu bewahren, stellen wir den ersten Ausstellungsbesuch am besten unter das Motto „Mitmachen ist wichtiger als Siegen". Dann werden wir die Veranstaltung in guter Stimmung erleben und einige Erfahrungen und Kenntnisse mehr nach Hause tragen.

Nicht zu Unrecht sagt man, daß der eigene Hund stets der schönste und beste sei, und daran wird eine mitgemachte Ausstellung nichts ändern, sofern wir sie nicht mit allzugroßen Erwartungen angehen. Selbst wenn er sich im hinteren Teil der Rangliste befindet, ist unser Rottweiler derselbe geblieben. Ist er uns dank seinen guten Wesens lieb geworden, wird er dies auch bleiben. Und sollte es der Zufall wollen, daß unser Hund unerwartet gut abschneidet, werden wir vielleicht Lust bekommen, zu weiteren Ausstellungen oder Rottweiler-Schauen zu fahren.

Der Rassestandard des Rottweilers

Damit alle Züchter einer Rasse gemeinsam ein bestimmtes Zuchtziel bezüglich der äußeren Erscheinung des betreffenden Rassetyps anstreben können, wird der als Idealtyp erachtete Hund genau beschrieben. Diese Beschreibung wird Standard genannt. Natürlich gehen die Meinungen der interessierten Rassefreunde und ihrer Zuchtgremien oft auseinander, und man muß sich in Verhandlungen auf einen solchen Standard einigen können. Der erste für den Rottweiler entstand schon 1901, danach wurden mehrere Neufassungen gemacht. Das ist verständlich, denn eine Rasse ist unentwegt in Entwicklung begriffen. Auch unterliegt das einmal gewählte Idealbild einer stetigen Wandlung, da sich die Ansichten und Auffassungen der an einer Zucht beteiligten Personen ebenfalls ändern. Mit kleineren Anpassungen muß somit stets gerechnet werden. Hier wird der Standard des Allgemeinen Deutschen Rottweilerhunde-Klubs ADRK von 1970 wiedergegeben. Zwar wurde auch er 1981 leichten Ab-

wandlungen unterworfen, die jedoch für den Nichtfachmann kaum ins Gewicht fallen.

Beim Lesen dieses Standards kann nun jeder Rottweilerbesitzer sich darüber orientieren, welche äußere Form und welche anatomischen Merkmale angestrebt werden und inwiefern all das auf den eigenen Hund auch zutrifft. Dies ersetzt freilich nicht die Beratung und Beurteilung durch einen Fachmann, am besten durch den Richter an einer Schau oder Ausstellung. Erst dann weiß man, woran man ist.

Der Standard des Allgemeinen Deutschen Rottweiler-Klubs ADRK von 1970

Die Rottweilerzucht erstrebt einen kraftstrotzenden Hund, schwarz mit rotbraunen, klar abgegrenzten Abzeichen, der bei wuchtiger Gesamterscheinung den Adel nicht vermissen

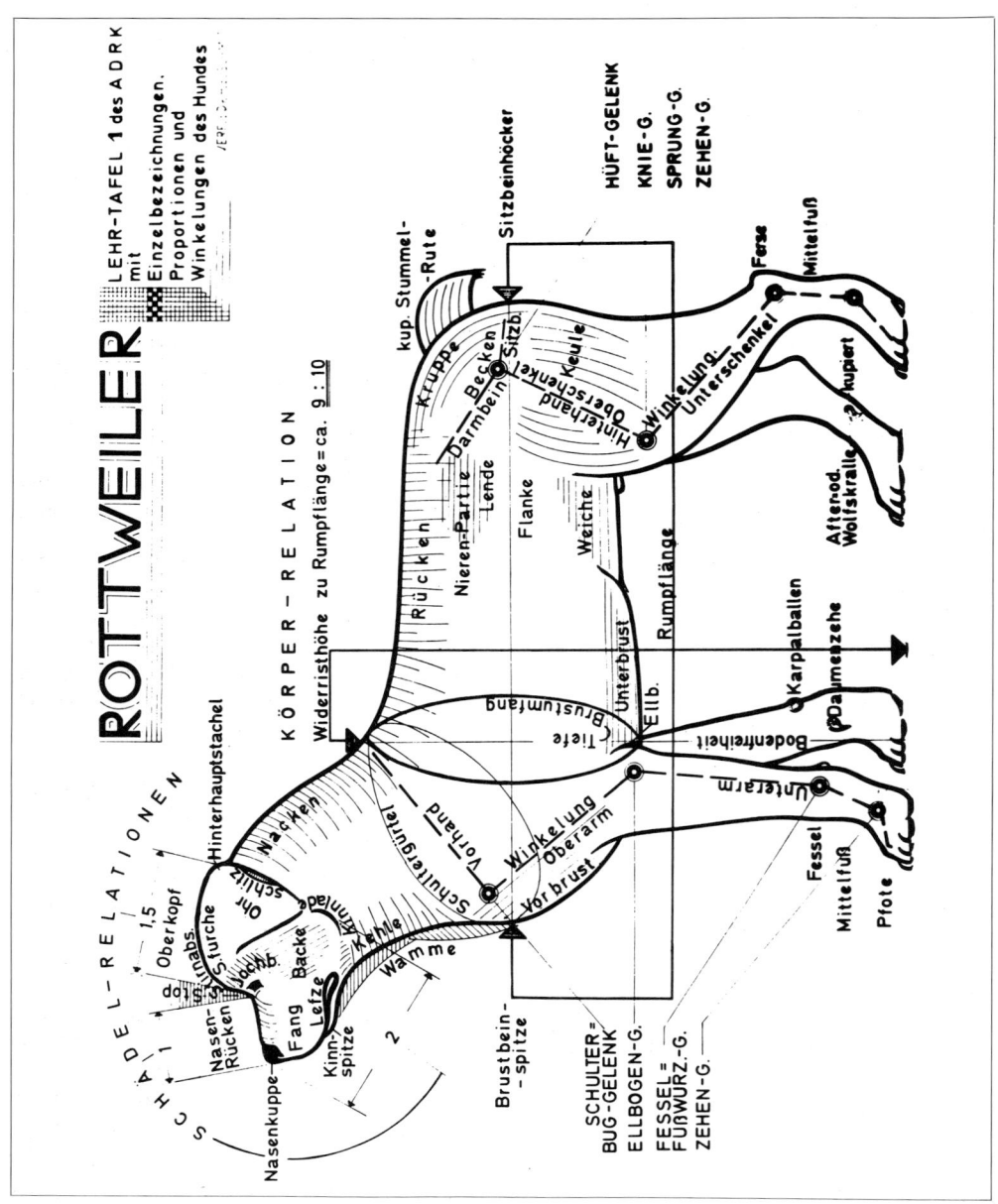

ROTTWEILER

LEHR-TAFEL 1 des ADRK
mit
Einzelbezeichnungen,
Proportionen und
Winkelungen des Hundes

KÖRPER - RELATION

Widerristhöhe zu Rumpflänge = ca. 9 : 10

SCHÄDEL - RELATIONEN

1,5

Oberkopf

Nasen-
Rücken
dto.
Stirnabs.

1

2

HÜFT-GELENK
KNIE-G.
SPRUNG-G.
ZEHEN-G.

Sitzbeinhöcker

kup. Stummel-
-Rute

Becken Sitzb.
Kruppe
Darmbein
Nieren-Partie
Lende
Rücken
Flanke
Weiche

Keule
Oberschenkel
Hinterhand
Winkelung
Unterschenkel

Ferse
Mittelfuß

kupiert

Afterrud.
Wolfskralle

Rumpflänge

Unterbrust
Tiefe
Brustumfang
Ellb.

Karpalballen
(Daumenzehe

Bodenfreiheit

Unterarm

Fessel
Mittelfuß
Pfote

Hinterhauptstachel

Nacken

Ohr
schlitz

Schultergürtel
Vorhand
Winkelung
Oberarm

Vor brust

Brustbein-
-spitze

SCHULTER =
BUG-GELENK
ELLBOGEN-G.
FESSEL =
FUSSWURZ.-G.
ZEHEN-G.

Backe

Kehle
Wamme

Fang
Letze
Kinn-
spitze

Nasen-
Rücken
Jochb.
Stirnfurche

Nasenkuppe

70

Abb. 22. Das Gebäude des Rottweilers. (Lehrtafel des ADRK)

läßt und sich als Begleit-, Schutz- und Gebrauchshund in besonderem Maße eignet.

Äußere Erscheinung

Gesamtbild: Der Rottweiler ist ein über mittelgroßer, stämmiger Hund, weder plump noch leicht, nicht hochläufig oder windig. Seine im richtigen Verhältnis stehende leicht gestreckte, gedrungene und kräftige Gestalt läßt auf große Kraft, Wendigkeit und Ausdauer schließen. Seine Erscheinung verrät Urwüchsigkeit, sein Verhalten ist selbstsicher, nervenfest und unerschrocken. Sein ruhiger Blick bekundet Gutartigkeit. Er reagiert mit hoher Aufmerksamkeit gegenüber seiner Umwelt und seinem Herrn.

Größe:
Widerristhöhe Rüden
   60 bis 68 cm
   60 bis 61 cm klein
   62 bis 64 cm mittelgroß
   65 bis 66 cm groß
   67 bis 68 cm sehr groß
Widerristhöhe Hündinnen
   55 bis 63 cm
   55 bis 57 cm klein
   58 bis 59 cm mittelgroß
   60 bis 61 cm groß
   62 bis 63 cm sehr groß
Das Maß der Rumpflänge, gemessen vom Brustbein bis zum Sitzbeinhöcker, sollte dasjenige der Widerristhöhe höchstens um 15 Prozent überschreiten.

Kopf: Mittellang, der Schädel zwischen den Ohren breit, in der Stirnlinie, seitlich gesehen, mäßig gewölbt. Hinterhauptstachel gut entwickelt, ohne stark hervorzutreten.
Stirnabsatz und Jochbogen ausgeprägt. Von der Nasenkuppe bis zum inneren Augenwinkel nicht länger als der Oberkopf vom inneren Augenwinkel bis zum Hinterhauptbein.

Kopfhaut: Liegt überall straff an und darf bei hoher Aufmerksamkeit leichte Stirnfalten bilden. Erstrebt wird der faltenlose Kopf.
Lefzen: Schwarz, fest anliegend, Lefzenwinkel geschlossen.
Nase: Nasenrücken gerade, mit breitem Ansatz und mäßiger Verjüngung. Nasenkuppe gut ausgebildet, eher breit als rund, mit verhältnismäßig großen Öffnungen, stets von schwarzer Farbe.
Augen: Mittelgroß, mandelförmig, von tiefbrauner Farbe; Lider gut anliegend.
Ohren: Möglichst klein, hängend, dreieckig, weit voneinanderstehend, hoch angesetzt. Der Oberkopf erscheint bei nach vorn gelegten gut anliegenden Ohren verbreitert.
Gebiß: Stark und vollständig (42 Zähne), die oberen Schneidezähne greifen scherenartig vor die des Unterkiefers.
Hals: Kräftig, mäßig lang, gut bemuskelt, mit leicht gewölbter Nackenlinie aus der Schulter herauswachsend, trocken, ohne Wamme oder lose Kehlhaut.
Rumpf: Geräumige, breite und tiefe Brust mit gut entwickelter Vorbrust und gut gewölbten Rippen. Rücken gerade, kräftig, stramm. Nierenpartie kurz, kräftig und tief. Flanken nicht aufgezogen. Kruppe breit, von mittlerer Länge in leichter Rundung verlaufend, weder gerade noch stark abfallend.
Rute: Sie wird waagerecht getragen, ist kurz und stark. Angeborener Mutzschwanz muß, wenn zu lang, nachkupiert werden.
Vorhand: Zeigt eine lange, gut gestellte Schulter. Oberarm gut am Rumpf anliegend, doch nicht allzu straff. Unterarm kräftig entwickelt und bemuskelt. Vordermittelfuß leicht federnd, kräftig, nicht steil. Pfoten rund, gut geschlossen und gewölbt. Sohlen hart, Nägel kurz, schwarz und stark. Die Vorderläufe sind von vorn gesehen gerade und nicht eng gestellt. Die Unterschenkel stehen, seitlich gesehen, gerade. Die

Neigung des Schulterblattes zur Waagerechten ist etwa 45 Grad, der Winkel Schulterblatt – Oberarm etwa 115 Grad.

Hinterhand: Oberschenkel mäßig lang, breit und stark bemuskelt. Unterschenkel lang, kräftig und breit bemuskelt, sehnig in ein kraftvolles Sprunggelenk übergehend, gut gewinkelt, nicht steil. Pfoten etwas länger als die Vorderpfoten, ebenso gut geschlossen, gewölbt mit starken Zehen, ohne Afterkrallen. Von hinten gesehen sind die Hinterläufe gerade, nicht eng gestellt. Im zwanglosen Stand bilden Oberschenkel zum Hüftbein, Oberschenkel zum Unterschenkel und Unterschenkel zum Mittelfuß einen stumpfen Winkel. Die Neigung des Hüftbeines ist etwa 20 bis 30 Grad.

Behaarung: Bestehend aus Deckhaar und Unterwolle. Deckhaar = Stockhaar, mittellang, derb, dicht und straff anliegend, die Unterwolle darf nicht aus dem Deckhaar hervortreten. An Vorder- und Hinterläufen ist die Behaarung etwas länger. Die Farbe ist schwarz mit gut abgegrenzten Abzeichen (Brand) von satter, rotbrauner Färbung an Backen, Fang, Halsunterseite, Brust und Läufen sowie über den Augen und unter der Rutenwurzel.

Gangart: Der Rottweiler ist ein Traber. In dieser Bewegung vermittelt er den Eindruck von Kraft, Ausdauer und Entschlossenheit.
Der Rücken bleibt fest und relativ ruhig. Der Ablauf der Bewegung ist harmonisch, sicher, kraftvoll und ungehemmt, bei guter Schrittweise.

Wesensbild: Das Wesen des Rottweilers besteht aus der Gesamtheit aller angeborenen und erworbenen körperlichen und seelischen Anlagen, Eigenschaften und Fähigkeiten, die sein Verhalten zu seiner Umwelt bestimmen und regeln.
Seiner psychischen Verfassung entsprechend ist er von freundlicher, friedlicher Grundstimmung, sehr anhänglich, gehorsam und arbeitsfreudig. Temperament, Bewegungs- und Betätigungstrieb liegen auf mittlerer Höhe. Gegenüber unangenehmen Einflüssen ist er hart, unerschrocken und nervenfest.
Seine Sinnesorgane sind zweckmäßig entwickelt. Seine Affekte sind gut ansprechbar und seine Lernfähigkeit ist ausgezeichnet. Er gehört zum starken, ausgeglichenen Typ. Wegen seines geringen Mißtrauens, seiner mittleren Schärfe und seiner hohen Selbstsicherheit reagiert er auf Umwelteinflüsse ruhig und abwartend. Bei einer Bedrohung jedoch tritt seine Wehrhaftigkeit, auf Grund seines hochentwickelten Kampf- und Schutztriebes, sofort in Aktion. Schmerzhaften Einwirkungen hält er furchtlos und unerschrocken stand. Endet die Bedrohung, so klingt die Kampfstimmung verhältnismäßig rasch ab und wechselt in friedliche Stimmung über. Zu seinen weiteren Vorzügen gehören: Haus- und Hofgebundenheit, wehrhafte Wachsamkeit. Er ist apportierfreudig, besitzt eine gute Spürfähigkeit. Seine Ausdauer ist hoch, er ist wasserfreudig und kinderlieb. Ausgesprochene Jagdpassionen besitzt er nicht.
Im einzelnen sind folgende Wesenseigenschaften und Triebe erwünscht:

a) Für das Zusammenleben:	
Selbstsicherheit	hoch
Unerschrockenheit	hoch
Temperament	mittel
Ausdauer	hoch
Bewegungs- und Betätigungstrieb	mittel
Aufmerksamkeit	hoch
Führigkeit	mittel-hoch
Mißtrauen	gering-mittel
Schärfe	gering-mittel
b) als Begleit-, Schutz- und Gebrauchshund:	

Abb. 23. Er kommt den Forderungen des Rassestandards schon recht nahe: Jugendsiegerrüde. (Foto: U. Ochsenbein)

Alle unter a) genannten Anlagen sowie Mut (Furchtlosigkeit)	
Mut (Furchtlosigkeit)	sehr hoch
Kampftrieb	sehr hoch
Schutztrieb	sehr hoch
Härte	hoch
c) Wacheigenschaften:	
Wachtrieb	mittel
Reizschwelle	mittel
d) Nasenveranlagung:	
Stöbertrieb	mittel
Spürtrieb	hoch
Beutetrieb	
(Apportierfreudigkeit)	mittel-hoch

Es ist zu beachten, daß die Triebe und Eigenschaften in verschieden starken Intensitätsgraden vorhanden sein können, oft ineinander überfließen und in Wechselbeziehung stehen. Sie müssen aber mindestens so hoch entwickelt und vorhanden sein, wie es für die Gebrauchstüchtigkeit erforderlich ist.

Form- und Gebrauchsfehler: Formfehler sind merkliche Abweichungen von den im Standard beschriebenen Merkmalen. Sie mindern den Gebrauchswert des Hundes nur in begrenztem Maße, können aber das rassetypische Bild verwischen und entstellen. Zu den Formfehlern sind nach den Rassekennzeichen zu rechnen: leichte, windige, hochläufige Gesamterscheinung; zu langer, zu kurzer, schmaler Körper; hervortretendes Hinterhauptbein; Jagdhundkopf und Jagdhundausdruck; schmaler, leichter, zu kurzer, langer, plumper Kopf; flache Stirnpartie (fehlender oder zu geringer Stop); schmaler Unterkiefer; langer oder spitzer Fang; stark hervortretende Backen; Rams- oder Spaltnase, eingesunkener oder abfallender Nasenrücken; helle oder gefleckte Nasenkuppe; offene, rosafarbene oder fleckige Lefzen, offener Lefzenwinkel; Staupegebiß; faltige Kopfhaut; zu tief angesetzte, schwere, lange, schlappe, zurückgeklappte sowie abstehende und ungleichmäßig getragene Ohren; helle (gelbe) oder ein helles und ein dunkles Auge, offene, tiefliegende, zu volle, runde Augen, Glotzaugen, stechender Blick; zu langer, dünner, schwach bemuskelter Hals, Wamme oder zu lose Kehlhaut; eng gestellte oder nicht gerade Vorderläufe; helle Nägel; zu hoch oder zu tief angesetzte Rute; weiches, zu kurzes oder zu langes Haar, Wellhaar, Fehlen der Unterwolle, mißfarbene, unklar abgegrenzte, zu ausgedehnte Abzeichen, weiße Flecken; Afterkrallen.

Schwerwiegender als die vorerwähnten Fehler sind diejenigen Abweichungen vom Musterbild, die sowohl den Formwert des Hundes als auch dessen Leistungsfähigkeit beeinträchtigen.

Sie werden Gebrauchsfehler genannt und sind in den Rassekennzeichen des Rottweilers wie folgt aufgeführt: schwache Knochen und Muskeln; steile Schulter, fehlender oder mangelnder Ellbogenanschluß, zu langer, zu kurzer oder steiler Oberarm, weicher oder steiler Vordermittelfuß, Spreizpfoten, zu flache oder stark gewölbte Zehen, verkümmerte Zehen; flachgerippter Brustkorb, tonnenförmige Brust, Schnürbrust; zu langer, schwacher oder eingesenkter Rücken, Karpfenrücken; zu kurze, zu gerade oder zu lange, abschüssige Kruppe; aufgeschwemmter, plumper Körper; flachschenkelige, hackenenge, kuhhessige oder faßbeinige Läufe; zu eng oder zu weit gewinkelte Gelenke.

Von der Bewertung und von der Zuchtverwendung gänzlich ausgeschlossen sind:

1. Einhodige oder hodenlose Rüden. Beide Hoden müssen gut entwickelt sein und sich deutlich sichtbar im Hodensack befinden;

2. alle Rottweiler, deren Hüftgelenke eine Anomalität aufweisen. Der Zuchtausschuß bestimmt den Grad der Erkrankung, der zu Zuchtverbot führt, und legt die züchterischen Maßnahmen fest;

3. sämtliche Rottweiler mit Gebißfehlern, d.h. Vorbeißer und Hunde mit fehlenden Prämolaren oder Molaren (Röntgenaufnahmen werden nicht als Beweis der Gebißvollständigkeit anerkannt);

4. alle Rottweiler mit losen oder einwärts gerollten Augenlidern (Entropium) sowie Rottweiler mit offenen Augenlidern (Ektropium). Wird auf einer Zuchtschau oder Zuchttauglichkeitsprüfung ein an den Augen erkrankter Hund vorgestellt, so wird im Zweifelsfalle tierärztliche Untersuchung empfohlen. Die Meldung des erkrankten Hundes an das Zuchtbuchamt erfolgt durch den Richter. Ist der Hund bei erneuter Vorstellung immer noch krank oder dann lidoperiert, erhält dieser Hund endgültig Zuchtverbot. Die Verheimlichung einer Lidoperation ist eine arglistige Täuschung und wird entsprechend der Ausstellungsordnung als Zuchtvergehen geahndet;

5. alle Rottweiler mit gelben Augen, raubvogelartigem, stechendem Blick oder mit verschiedenfarbigen Augen;

6. alle Rottweiler mit ausgesprochen stark betonter Umkehrung des Geschlechtsgepräges (Hündinnentyp bei Rüden und umgekehrt);

7. alle ängstlichen, scheuen, feigen, schuß-

scheuen, bösartigen und übertrieben mißtrauischen, nervösen Rottweiler sowie solche mit stumpfsinnigem Ausdruck und Gehabe. Hunde, die auffallende Bewegungsunlust, ungewöhnlich langsame Reaktionen oder extreme Einseitigkeit im Wesensbild zeigen, sind vor der Zuchtverwendung besonders eingehend zu beobachten und zu prüfen (Taubheit beachten);

8. ausgesprochen lang- und wellhaarige Rottweiler. Bei Glatt-oder Kurzhaar mit fehlender Unterwolle ist Zuchtverwendung nur mit Genehmigung des Hauptzuchtwartes gestattet.

Das Gebiß: Der ausgewachsene Hund hat 42 Zähne: 12 Schneidezähne, 4 Fangzähne, 16 Vormahlzähne (Prämolare), 10 Mahlzähne (Molare). Das Gebiß ist für den Hund von höchster vitaler Bedeutung. Kein Rottweiler darf bewertet und zur Zucht verwendet werden, der nicht ein gut ausgebildetes, korrektes und vollständiges Gebiß besitzt.

Die Forderung nach dem sogenannten *Scherengebiß* gilt, mit wenigen durch die Kopfform bedingten Ausnahmen, für alle Rassen. Es ist das Gebiß des Hundes, bei dem die oberen Schneidezähne leicht schleifend etwas über die unteren greifen. Fehlt diese schleifende Berührung, ergibt sich also zwischen den vorgrei-

Abb. 24 a–d. Zahnschlußtypen. (Zeichnung: E. Hohrath)
a) Scherengebiß: Die Schneidezähne des Oberkiefers überlappen die Schneidezähne des Unterkiefers praktisch ohne Zwischenraum. Bei sehr knappem Zahnschluß entsteht durch die Abnützung der Schneidezähne beim älteren Hund sehr oft ein Zangengebiß.
c) Vorbiß: Die Schneidezähne des Unterkiefers stehen vor. Ein knapper Vorbiß ist funktionell dem Scherengebiß absolut gleichwertig. Die Zuchtbestimmungen der meisten Klubs schließen jedoch Hunde mit Vorbiß von der Zucht aus.
b) Zangengebiß: Die Schneidezähne des Ober- und des Unterkiefers stehen aufeinander wie die beiden Schneiden einer Zange.
d) Unterbiß: Die Schneidezähne des Unterkiefers stehen mit deutlichem Abstand zurück. Bei starker Verkürzung des Unterkiefers kommen die unteren Fangzähne hinter diejenigen des Oberkiefers zu liegen. Sie drücken mit der Zeit tiefe Gruben in den Rachen und behindern den Hund bei der Nahrungsaufnahme. Bei derart starkem Unterbiß sollten deshalb die Fangzähne des Unterkiefers entfernt werden. Hunde mit Unterbiß sind nicht zur Zucht zugelassen.

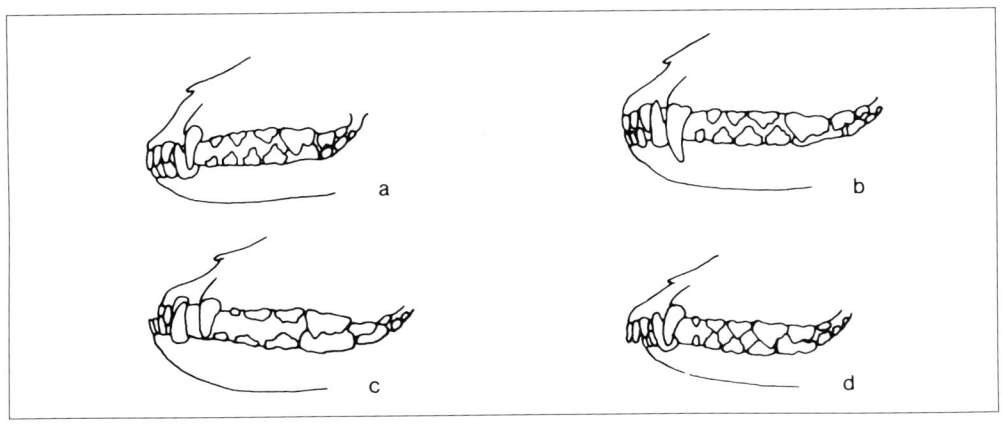

fenden Schneidezähnen des Oberkiefers und denen des Unterkiefers ein deutlicher Abstand, dann spricht man vom Unterbeißen. Tritt dagegen die untere Zahnreihe vor die obere, so bezeichnet man dies als Vorbeißen. Beide Gebißformen sind fehlerhaft und führen zu Zuchtverbot. Zangengebiß (Aufbeißer), das heißt unmittelbares Aufeinandertreffen beider Schneidezahnreihen, ist geduldet, setzt aber die Bewertung des betreffenden Hundes um eine Stufe herab.

Der Bewegungsapparat und die Gangarten: Die Hintergliedmaßen haben die Aufgabe eines Stemm- und Wurfhebelwerkes. Der Schub zur Vorwärtsbewegung geht in allen Gangarten von der Hinterhand aus, die stärker gewinkelt, kräftiger und komplizierter bemuskelt ist als die Vorhand. Entsprechend ihrer stärkeren Stützbeanspruchung zeigt die Vorhand ein weniger gewinkeltes Stütz- und Auffanghebelwerk. Die Schubkräfte werden durch den Rumpf auf die Vorhand übertragen. Der Rükken ist an der Vorwärtsbewegung wesentlich beteiligt. Dabei arbeiten die kräftigen Hals- und Rückenstrecker mit den unteren Hals- sowie den inneren Lenden- und Bauchmuskeln zusammen. Eine äußerst kräftige, gut entwickelte Rückenmuskulatur ist eine der Voraussetzungen für eine gute und ausdauernde Laufleistung.

Die Gangarten des Rottweilers sind der Schritt, Trab, Paß, Galopp und der Sprung. Beim Trab werden Vor- und Hinterhand im gegenseitigen Synchronismus betätigt (Stemmen, Heben, Schweben, Stützen). Der Rücken bleibt in relativer Ruhe. Beim Schritt sind die Rückenbewegungen schon sichtbarer, beim Paß (gleichzeitiges Vorführen der Hinter- und Vordergliedmaßen auf einer Seite) schon ausgeprägter und beim Galopp am stärksten, wobei der Rükken wie eine Feder abgebogen wird und den Körper vorwärts wirft.

Fehlerhafte Gangarten sind: steif, unfrei, zu hoch oder schleifend über den Boden tretend, kurztrittig, wiegend, seitlich wiegend, schlingernd, schränkend.

Allgemeines zur äußeren Erscheinung: Mängel in der Ausgeglichenheit und Festigkeit des Körperbaues setzen den Formwert eines Hundes herab und beeinträchtigen dessen Leistungsfähigkeit. Die Gebrauchstüchtigkeit eines Hundes hängt wesentlich von der Bewegungsfreudigkeit und dem Laufvermögen ab, weshalb beiden Faktoren bei Form- und Wesensbeurteilungen besondere Beachtung zu schenken ist. Auf die Wichtigkeit von Länge und Stärke der Gliedmaßen, des Rückens und der Schulter sowie auf die Winkelung der Gelenke und die Muskulatur ist in den Rassekennzeichen mehrmals hingewiesen. Bei der Beurteilung eines Lebewesens sprechen außerdem manche unwägbaren Umstände mit, die nur das geschulte Auge des erfahrenen Beurteilers im Rahmen des Gesamtbildes richtig einschätzen kann.

Einige Zahlen mögen als Anhaltspunkte genannt werden: Ein Rottweiler mit 65 cm Widerristhöhe soll von der Brustspitze bis zum Sitzbeinhöcker etwa 75 cm messen. Der Brustumfang entspricht etwa der Widerristhöhe plus 20 cm. Die Brusttiefe soll nicht mehr, aber auch nicht viel weniger als 50 Prozent der Widerristhöhe ausmachen.

Der Rottweiler war zu den Zeiten, da er noch zum Viehtreiben eingesetzt wurde und später den Karren der Metzger und der Milchmänner ziehen mußte, ein derber Bursche mit einem unansehnlichen Haarkleid. Kein Blender, aber selbstbewußt. Ein Hund, der die geforderten Arbeitsleistungen willig ausführte.

Heute wird versucht, dem Rottweiler ein schönes und gefälliges Aussehen zu geben und den Adel konstant zu machen. Seine Verwendung als Dienst-, Gebrauchs- und Familienhund läßt es verantworten, daß er nicht mehr mit dem überaus schweren, massigen Körper gezüchtet wird. Züchten ist auch, wenn man so will, künstlerisches und formendes Gestalten am Lebendigen. So braucht man heute wie damals nichts weiter zu tun, als den Hund einheitlicher und mehr ausgeglichen zu züchten. Die Linien und Formen sind fließender und flotter zu halten, ohne den Gesamteindruck des Rottweilers zu schmälern oder gar wesentliche Züge, die aus dem starkknochigen Gebäude, dem freien Gangwerk, dem kräftigen Kopf mit dem gut entwickelten, genügend breiten Fang, dem gut gewölbten und tiefen Rippenkorb, dem kräftigen Rücken und dem derben, dichten Haar mit klar abgegrenzten Abzeichen bestehen, zu vernichten.

Beweglichkeit, Ausdauer, Kraft und ein ausgeglichenes Wesen sind wichtige Eigenschaften, auf die in der Zucht besondere Aufmerksamkeit zu legen ist. Wir wollen nicht die Beweglichkeit auf Kosten eines leichten, schlanken und kurzen Hundes erkaufen. Wir wollen aber auch nicht die Kraft einhandeln gegen einen schwerfälligen, allzu gedrungenen und wenig beweglichen Körper. Die Erscheinung des stämmigen und kraftvollen, ruhig überlegend und frei blickenden Rottweilers fordert Respekt. Über allem züchterischen Bemühen steht die Pflege, Erhaltung und Weiterentwicklung der Wesenseigenschaften, die den Rottweiler zu einem ausgezeichneten Dienst- und Gebrauchshund und einem angenehmen Familienhund gemacht haben.

Abb. 25. Ein eigenwilliges Porträt. (Foto: U. Ochsenbein)

Nützliche Adressen

In Deutschland:
Allgemeiner Deutscher Rottweiler-Klub e.V. (ADRK)
Rintelner Straße 385
4952 Porta Westfalica 4
Telefon (05722) 21106

Verband für das Deutsche Hundewesen e.V. (VDH)
Hoher Wall 20
4600 Dortmund
Telefon (0231) 16803-5

Vereinigung der Landesverbände für das Deutsche Gebrauchshundewesen e.V.
1. Vorsitzender: Dr. Martin Höhl
Spiegelslustweg 23
3550 Marburg
Telefon (06421) 14540

Deutscher Hundesportverband e.V.
1. Vorsitzender: Max Sutter
Mörikestraße 7
7272 Altensteig-Spielberg
Telefon (07453) 6487

In der Schweiz:
Schweizerischer Rottweilerhunde-Club
Bergstraße 1
CH-5610 Wohlen
Telefon (057) 227783

Schweizerische Kynologische Gesellschaft (SKG)
Länggasstraße 8
CH-3012 Bern

In Österreich:
Österreichischer Rottweiler-Klub
Helga Bruschor
Rainergasse 7
A-2231 Strasshof

Österreichischer Kynologenverband (ÖKV)
Johann-Teufel-Gasse 8
A-1238 Wien

Literaturhinweise

Das umfassende Rottweilerbuch:
Pienkoß, A.: Rottweiler. Essen 1982

Zur Ausbildung:
Ochsenbein, U.: Der neue Weg der Hundeausbildung. Rüschlikon-Zürich 1985

Allgemeine Themen:
Feddersen-Petersen, D.: Hundepsychologie. Stuttgart 1987
Schneider, A. und W.: Hundekrankheiten. Stuttgart 1987
Wirtz, H.: Welpenaufzucht. Stuttgart 1982

Sachregister